D0395097

Pierre Boissonnault~Vital Gadbois

L'Hybride abattu
ou le bilinguisme et l'enseignement du français

Quinze

L'Hybride abattu
ou le bilinguisme et l'enseignement du français

Pierre Boissonnault-Vital Gadbois

L'Hybride abattu
ou le bilinguisme et l'enseignement du français

Quinze

Les Editions QUINZE
3465, Côte-des-Neiges, Montréal

Distributeur exclusif pour le Canada:
Les Messageries Internationales du livre Inc.
4550, rue Hochelaga, Montréal H1V 1C6

Distributeur exclusif pour l'Europe:
Librairie Hachette
79, boul. Saint-Germain, Paris VIe (France)

*Maquette de la couverture et
conception graphique:* Jacques Robert

ISBN: 0-88565-024-7

Dépôt légal: 3e trimestre 1976
           Bibliothèque nationale du Québec

Nous tenons à remercier Madame Irène Dubois-Gadbois de son aide précieuse. Elle a préparé le manuscrit, relu les textes et n'a pas ménagé ses critiques à notre égard. Nous remercions également les autorités du Séminaire de St-Hyacinthe et particulièrement le supérieur Léo Sancoucy et l'abbé Gérard Dupuis, qui nous ont accueillis chaleureusement et ont mis à notre disposition une documentation remarquable.

> L'état a la loi et la force pour lui.
> Nous, les instituteurs, nous n'avons
> que raison.
>
> *les Insolences du frère Untel*, p. 30.

Voici que martyrs du drame de l'enseignement du français au Québec, nous proposons à la haute appréciation de nos lecteurs cette chose à la fois pamphlet, essai, étude et prophétie. Nous avons tout contre nous: primo, nous sommes professeurs; secundo, professeurs de français; tertio, professeurs dans un cégep; quarto, dans un cégep public. Ces plaies sont preuves incontestables de notre culpabilité; d'ailleurs, tout le monde s'accorde à dire que c'est la faute aux professeurs en général et aux professeurs de français en particulier si la qualité du français écrit et parlé est si déplorable au Québec.

Mais nous avons une grande qualité: nous sommes naïfs. Notre naïveté nous pousse à croire que nos difficultés d'enseigner le français ont pour cause nos difficultés d'enseigner en français. Nous posons alors l'hypothèse audacieuse que la disparition des causes entraînera celle des conséquences. De déchéance en déchéance (atteindrons-nous jamais la dernière?), nous en sommes venus à écrire ce livre, fruit d'une expérience toute personnelle.

Pierre Boissonnault est instituteur, fils d'instituteur et époux d'institutrice; il a enseigné au secondaire et pratiqué le programme-cadre avant de passer au collégial. En plus de ses activités d'enseignant, il est devenu président de la Société St-Jean-Baptiste de St-Hyacinthe et principal artisan d'une lutte sévère contre l'établissement d'écoles anglaises dans la région maskoutaine. Vital Gadbois enseigne au niveau collégial depuis douze ans; il est membre du comité de coordination du français dans les cégeps et docteur en linguistique; depuis deux ans, il est commissaire d'écoles à Beloeil. Nous enseignons tous les deux au cégep de Saint-Hyacinthe. Nous avons consacré nos vies à l'enseignement du français et toutes nos réflexions, tous nos loisirs, toutes nos recherches. Pour nous, ça ne fait plus l'ombre d'un doute: quand il sera nécessaire d'enseigner en français dans ce pays, l'enseignement du français sera sauvé.

Ce livre est pour nous un compte à régler avec le nationalisme. Nous avons voulu dire, clairement et complètement, que le bilinguisme national est un hybride à abattre et qu'il faut le faire à bride abattue. Abattre l'hybride au Québec est une condition nécessaire à l'enseignement du français. On parlera de tout dans ce livre et bien peu de l'enseignement du français. On y parlera d'une école liée à la société qui la permet, à son pouvoir politique, à ses hommes, à son passé; on y parlera du Québec d'aujourd'hui, de son histoire et de statistiques.

Tout cela avec le désir de faire le point, de faire le tour d'un domaine qui nous appartient et de porter témoignage.

Après les Parent, Asselin, Fournier, Untel, Lysiane Gagnon est venu poser encore une fois à la conscience nationale le problème de l'enseignement du français. Mais cette fois, le problème a touché toute la population: l'école est maintenant vraiment publique. En 1800, les Québécois avaient refusé l'école publique; depuis ce temps, ils trouvaient une solution personnelle et valorisante à leurs problèmes linguistiques en envoyant leurs enfants dans les collèges classiques; on résolvait individuellement un problème collectif. Mais cette fois-ci, à l'ère des polyvalentes et des cégeps, à l'ère de la démocratisation de l'enseignement, il faut trouver une solution collective: elle passe par la décision politique d'un Québec français indépendant; elle passe ensuite par un enseignement rigoureux et systématique de la langue et de la grammaire françaises.

I

CE QUE LE PRESENT VEUT DIRE

Le principal argument de M. Cloutier pour "vendre l'école française aux immigrants, c'est de leur promettre que l'anglais y sera mieux enseigné".

Lysiane Gagnon, *le Drame de l'enseignement du français,* Editions la Presse, p. 55.

Joli tableau!

Ce livre est d'espérance même si en ce printemps 1976, ce n'est pas l'assurance d'un Québec franco-phone qui fait cesser le drame de l'enseignement du français. Le ciel (ou ce qui en reste ou en tient lieu après quinze ans de révolutions tranquilles) peut nous tomber sur la tête (1): il ne peut nous enliser davantage. Entre deux élections, le Québec donne l'impression d'avoir atteint à l'éternité; il est midi, plus rien ne bouge; seul, dans son blockhaus, le maître de céans joue aux dominos.

Mais il n'est déjà plus tout à fait midi. Quelque chose a changé, qui est difficile à déterminer. Ce n'est pas quand le rocher s'abat qu'il tombe vrai-ment; c'est quand il se fissure. Les vrais change-ments sont d'abord imperceptibles. En ce prin-temps 1976 aux allures de creux de vague, l'objec-tif collectif ne semble pas se rapprocher. Mais il y a des signes qui ne trompent pas. C'est à ces signes qu'il faut croire; eux seuls sont porteurs d'avenir.

Le coureur fatigué voit au loin la ligne d'arrivée. Il oublie qu'il court depuis longtemps déjà. Il re-garde ce qu'il a fait: quinze ans de course folle où le meilleur et le pire se sont produits. On ne re-

(1) *Nous ne faisons ici aucune allusion au problè-me des Gens de l'air du Québec. Ce texte a été écrit il y a plusieurs mois: admirez son allure pro-phétique.*

tient que le pire, désabusé. Le drame de l'enseignement du français au Québec doit être placé dans cette perspective. Il y a plus de rapport qu'on ne le croit entre la saucisse de Reggio Food et l'appauvrissement de la grammaire écrite et parlée. Les articles de Lysiane Gagnon, désormais célèbres, révèlent des symptômes mais ne présentent pas un diagnostic, encore moins une thérapie, sinon collective et relevant du masochisme.

Belle mentalité!

Le printemps 1976 semble s'écouler sous le signe de l'apathie et de la décadence. Hausse formidable du taux de criminalité à Montréal: belle manchette sans conséquence pour une population qui rêve de partir en vacances. Salaires gelés mais augmentation des prix; hausse de l'assurance automobile, hausse du coût du transport, hausse des tarifs téléphoniques, etc.; "il faudra que les fonctionnaires provinciaux soient raisonnables dans leurs demandes d'augmentation de salaire", déclare un ministre. Le rêve d'un premier ministre lorsqu'il quittera la politique: sauver le syndicalisme québécois; ce qui sera aussitôt fait. Grèves de l'amiante et matraquage à la United Aircraft: 1949-1975; on tourne en rond mais c'est autour de vous, travailleurs québécois!

Les grandes enquêtes pour approfondir des vérités, s'y enfoncer ou les enterrer. Les enquêtes sur le syndicalisme: terreur et connivence politiques; le ministre du travail se fait applaudir par des "bras" de la F.T.Q. Faux serments et faux témoignagnes. Pots de vin et "jobs de bras"; mauvaise foi et tours de passe-passe. "Le gouvernement prendra ses responsabilités". Le rapport d'enquête est tenu secret par les commissaires, aucune fuite n'est possible; les copies sont numérotées, mais les fuites calculées. Un gouvernement de chiffres et de calculs.

Le poids des mots au pays du Québec. Enquête sur la liberté syndicale; premier geste: la mise en tutelle. La loi pour promouvoir la langue française au Québec permet à plus de 20,000 francophones de passer au secteur d'enseignement anglophone. Souveraineté culturelle et social-démocratie. Ottawa s'inquiète: attention au piège des mots. Que le ministre des Communications ne s'inquiète pas: on rira peut-être de nous mais nous ne nous en apercevrons pas. Au pays des autruches, est vraiment caché celui qui a la tête dans le sable.

Au Québec, le ridicule ne tue pas. C'est en mangeant une pointe de pizza "all dressed" que le Québécois s'est passionné pour le grand spectacle sur la viande avariée. Qu'il est bon le pepperoni quand j'entends des mots d'esprit comme: "Quand on est deux fois millionnaires, on mange pas d'la marde!". Tous les mangeurs de pizza se sont crus riches ce soir-là!

Au Québec, il est souvent difficile de croire ses

oreilles. "L'enquête sur les activités de la pègre serait une menée contre les Italiens et les Québécois", de gémir les grands défenseurs nationalistes que sont les Violi, Cotroni, etc. La Société St-Jean-Baptiste ignorait ses vrais alliés.

La conscience morale n'étouffe pas le Québécois actuel et les cas d'honnêteté exemplaire sont rares en ces temps pervertis par l'argent. "Qu'est-ce qu'une déclaration solennelle?" demandait-on récemment à une assemblée de commissaires d'écoles. "C'est comme un serment!" répondit-on en se gondolant ferme. L'exemple vient de haut!

Qui se soucie encore du coût exact des travaux de la Baie James, des Jeux olympiques, etc.? Qui se soucie du sort des grèves en cours? Qui se soucie des chômeurs? Finie la révolution tranquille! "Maîtres chez nous", "qui s'instruit s'enrichit": slogans témoins d'une époque révolue.

Après les grands espoirs des années '60 et les faibles éclats du début des années '70, s'est installée une grisaille: celle d'une société en apparence essoufflée, désoeuvrée, aux prises avec ou plutôt "dans les prises" d'une inflation contrôlée par les multinationales et d'un pouvoir qui ne peut rien (celui des années '60).

Au pays des trois colombes

Est-il possible de vivre en français au Québec? se demandait-on lors d'un récent colloque de l'Asso-

ciation canadienne des éducateurs de langue française (ACELF). Les chevaliers fédéraux du bilinguisme affirment à tout vent que le Québec doit
être massivement français; les dragons de la bilinguisation de la fonction publique fédérale répètent
qu'ils ne quitteront la capitale que lorsque ce pays
sera irréversiblement bilingue; les matamores d'Ottawa courent, se vantant qu'il n'existe pas de minorité francophone (1).

"Le bilinguisme à Ottawa progresse comme un
glacier..." déclarait pourtant Keith Spicer, commissaire aux langues officielles, en novembre dernier. Les cours de bilinguisation? Ils profitent à
9% des anglophones mais à 64% des francophones
car c'est l'anglais qui sert aux fonctionnaires fédéraux, pas le français! Après cinq ans, 6% seulement
des postes fédéraux sont occupés par des bilingues
et il a fallu dépenser 170 millions de dollars pour
y arriver. En fait, 1,582 fonctionnaires seraient
bilingues, ce qui revient à $114,000 le bilingue!
Ca fait cher! Et il y a des pochès de résistance!
Au ministère des Postes où un certain M. Ouellet
passa plusieurs mois à titre de ministre, au ministère des Transports où oeuvra un incertain M.
Marchand , etc.; et les compagnies de la couronne?

(1) *Monsieur Jean Marchand a peut-être changé
d'avis depuis. Quant à Monsieur Trudeau, il recule
pour mieux bondir; il faut espérer qu'il pratique
plutôt le saut en longueur que le saut en hauteur.*

Air Canada bat de l'aile, la R.C.M.P. est sur ses gardes et Radio-Canada se fait tirer l'oreille. Mais le Canada est un pays bilingue puisque l'article 2 de la Loi sur les langues officielles le déclare: "L'anglais et le français sont les langues officielles du Canada."

La liberté de choir

La liberté de choix de la langue d'enseignement est un mythe entretenu par l'Anglo-saxon du Québec. La constitution canadienne ne protège que la liberté religieuse. Le Québec est la seule province à rendre la connaissance de l'anglais et du français obligatoire: quoi que puisse souhaiter Keith Spicer, les autres provinces sont loin de vouloir en faire autant; récemment encore, le ministre de l'Education ontarien déclarait: "A la question de savoir si je pense que le français devrait être obligatoire dans les écoles de l'Ontario, je réponds non; je ne pense pas que cela devrait être" (*The Montreal Star*, juillet '75). "Le Québec est la seule province à offrir le libre choix de la langue d'enseignement" titrait *la Presse* du samedi 1er juin 1974. Le Canada est un pays bilingue où seul le Québec offre un véritable choix de la langue d'enseignement; et, fait troublant, le Québec francophone accorde plus aux anglophones que la loi canadienne ne l'exige; autre fait troublant, fréquenter les écoles

Loi concernant le statut des langues officielles du Canada

17-18 Elizabeth II

Chapitre 54

Loi concernant le statut des langues officielles du Canada (Sanctionnée le 9 juillet 1969).

Sa Majesté, sur l'avis et du consentement du Sénat et de la Chambre des communes du Canada, décrète:

Titre abrégé

1. La présente loi peut être citée sous le titre: Loi sur les langues officielles.

Déclaration du statut des langues

2. L'anglais et le français sont les langues officielles du Canada pour tout ce qui relève du Parlement et du Gouvernement du Canada; elles ont un statut, des droits et des privilèges égaux quant à leur emploi dans toutes les institutions du Parlement et du Gouvernement du Canada.

Extrait

françaises dans les autres provinces a été et est encore parfois un geste illégal (cf. les cas de la Saskatchewan et l'Ontario, chapitre III). Le *libre choix* est illégal, impossible ou difficile partout, sauf au Québec où même les francophones et les immigrants peuvent fréquenter l'école anglaise. "Tous les citoyens ont la liberté de choix de la langue d'enseignement", a dit le premier ministre Trudeau aux anglophones québécois. Il aurait dû également le dire aux francophones non québécois. Le juge Deschênes, appelé à trancher la validité d'une demande d'annulation d'un règlement scolaire adopté par les commissaires d'écoles de Ste-Foy, le 22 mai 1975, (règlement qui refusait à tout élève francophone de fréquenter l'école anglaise) ne dit pas que le libre choix de la langue d'enseignement est la règle de la loi 22. Bien sûr, dans cette loi, "la possibilité d'une option entre les deux secteurs n'est pas pour autant éliminée; mais elle n'est plus laissée au désir ou au simple caprice des parents; la connaissance par l'enfant de la langue d'enseignement en constitue un pré-requis essentiel" (p. 8 du jugement). Quant au contrôle de cette connaissance, "la cour ne pourrait peut-être pas chicaner les défendeurs sur le choix des moyens..." (p. 21 du jugement). Les commissions scolaires désireuses de faire respecter les objectifs de la loi 22 seraient peut-être bien avisées de chercher dans cette direction.

Quoi qu'il en soit, la loi 22 et ses règlements actuels ont permis les solutions les plus divergentes de la part des commissions scolaires. Chez les francophones, on cherche à atteindre les objectifs de la loi; les moyens vont de l'empêchement des francophones à fréquenter le secteur anglophone (Jeune-Lorette, Port Royal, Moullac, Sorel, Le Gardeur, Argile Bleue, Carignan, Chauveau, d'Orléans, etc.) à l'obligation de passer des tests (C.E.C.M., P.S.B., Chambly, Jérôme-Le Royer, Ste-Croix, Deux-Montagnes, Jean-Talon, Yamaska, etc.). Du côté anglophone, on admet presque tout le monde: ceux qui parlent anglais chez eux, ceux qui ont déjà étudié en anglais cinq mois, etc. On va par contre exiger une connaissance suffisante du français pour fréquenter le secteur francophone, ce qui va au-delà de la loi 22 et ridiculise la volonté du législateur (1).

Même Claude Ryan n'arrive pas à comprendre la loi 22: "En raison de la trop abondante discrétion administrative à laquelle elle risque de donner lieu, la loi 22 ne saurait être satisfaisante et équitable du point de vue des parents. Plus on l'étudie, plus on arrive à la conclusion que le législateur a péché en refusant de définir franchement ses intentions réel-

(1) *Les nouveaux règlements concernant les tests de connaissance de l'anglais et établissant un seuil d'échec de 45% et de réussite de 60% sont une source de divergences et de confusions avec une zone grise de 15%, tout à fait injustifiable.*

les et en choisissant plutôt de poursuivre ses fins par des moyens détournés, voire contradictoires" (*le Devoir* du jeudi 4 septembre 1975, p. 4).

La plus belle preuve de la "souplesse" de la loi fut donnée par le néophyte ministre de l'Education, Raymond Garneau, dans sa solution au problème de Jérôme-Le Royer en septembre 1975. La commission scolaire Jérôme-Le Royer avait commencé par appliquer la loi telle que l'entendait Jérôme Choquette et les 230 jeunes italiens n'avaient pu aller à l'école anglaise. Mais le ministre Garneau avait une autre vue des choses: "Les 230 (enfants que la commission scolaire Jérôme-Le Royer n'avait pu intégrer à ses classes anglaises), il ne s'agit pas d'enfants de familles italiennes (mais) de parents qui sont des anglophones de nationalité" (cité dans *le Jour*, le samedi 4 octobre 1975). Dans la même conférence de presse, le ministre souligne qu'il s'agit de corriger le nombre de places de l'année de base en ajoutant 120 places. La première partie de la solution ne manquait pas d'étonner: il se trouvait que les 230 demandes en suspens provenaient toutes de parents de nationalité anglophone: à croire que les cadres de la commission scolaire avaient d'abord accepté les anglophones d'autres nationalités, en ne laissant sur une liste d'attente que les "purs" anglophones; ce qui étonne également, c'est le "gel des effectifs du secteur anglais" comme étant uniquement le maintien du nombre des non-anglophones à ce qu'il était l'an dernier" (*la Presse* du samedi 6 septembre 1975, p. A9). Quant à la deuxième partie de la solution, elle rend "pratiquement inopérant l'article 40 de la loi en tripotant les chiffres qui servent de base au contingentement, soit ceux de l'inscription officielle de 1974 (...).

Il aura fallu trois ministres de l'Education en deux mois au Québec pour illustrer vraiment la signification de la loi 22 au chapitre de la langue d'enseignement: c'est la loi 63 en plus tarabiscoté" (Mariane Favreau, dans *la Presse* du samedi 4 octobre 1975, p. A5).

La Fédération des commissions scolaires catholiques du Québec a eu raison de blâmer le ministre Garneau d'avoir "contourné la loi 22 par un subterfuge qui ne peut que retarder la solution du problème de l'intégration dans (les) écoles françaises des élèves dont la langue n'est ni l'anglais ni le français" (Lettre datée du 20 octobre 1975). Le gouvernement actuel préfère cette solution à celle de M. Choquette; celui-ci considérait que dans le contingentement, il fallait d'abord tenir compte des véritables anglophones et en deuxième lieu, des autrement admissibles, compte tenu des places encore disponibles. On peut se demander si le gouvernement cherche vraiment à atteindre les objectifs de la loi 22 et par quels moyens. Quand on apprend que la C.E.C.M. a 68 écoles occupées à moins de 60% alors que les écoles anglaises regorgent d'étudiants, il est permis de croire que les

aménagements du ministre Garneau sont para-
doxaux, fort subtils et à très long terme.

Un tir de 22

Il aurait fallu que le papa de la loi 22 écoutât les
sages conseils de son ministre de la Justice, Jérôme
Choquette. "Le Québec est unique à ce point de
vue où les parents de langue française peuvent
envoyer leurs enfants à l'école anglaise. Je ne vois
pas ce qui justifie le maintien du libre choix
comme principe ou, du moins, je ne vois pas ce qui
le justifie au niveau des principes" (Paroles prononcées le lundi 18 juin 1974). (1)

Le mardi 30 juillet 1974, la loi était adoptée,
bien qu'elle fût néfaste. Non pas parce qu'elle
accordait 14 nouveaux droits à l'Anglais (ce sont là
des propos de séparatisses) mais parce qu'elle n'en
accordait que quatorze (ce sont là des propos de
fédéralisses). On pourrait croire en tout cas que
c'était une loi néfaste pour les francophones, puisque le ministre Tetley déclarait plus tard que "la
loi 22 est une politique positive de bilinguisme riche
et profonde (...), qu'elle favorise la population
anglophone plutôt que la francophone" et qu'elle
accorde au groupe anglophone deux garanties his-

(1) *Monsieur Choquette, en tant que ministre de
l'Education a honnêtement tenté d'appliquer la loi
dans son esprit, alors que M. Garneau a préféré
"farfiner" au nom de la "pax administrativa".*

Loi 63
Sanctionnée le 20 novembre 1969

"SA MAJESTE, de l'avis et du consentement de l'Assemblée nationale du Québec, décrète ce qui suit:

1. L'article 2 de la Loi du ministère de l'Education (Statuts refondus, 1964, chapitre 233) est modifié en ajoutant, à la fin, l'alinéa suivant:

"Le ministre doit prendre les dispositions nécessaires pour que les programmes d'études édictés ou approuvés pour ces institutions d'enseignement et les examens qui les sanctionnent assurent une connaissance d'usage de la langue française aux enfants à qui l'enseignement est donné en langue anglaise."

2. L'article 203 de la Loi de l'instruction publique (Statuts refondus, 1964, chapitre 235), modifié par l'article 1 du chapitre 62 des lois de 1966/1967, est de nouveau modifié en remplaçant les paragraphes 3e et 4e par les suivants:

"3e de prendre les mesures nécessaires pour que les cours d'études du niveau de la première année à celui de la onzième inclusivement, adoptés ou reconnus pour les écoles publiques catholiques, protestantes ou autres, selon le cas, soient dispensés à tous les enfants domiciliés dans le territoire soumis à leur juridiction s'ils sont jugés aptes à suivre ces cours et désireux de s'y inscrire.

Ces cours doivent être donnés en langue française.

Ils sont donnés en langue anglaise à chaque enfant dont les parents ou les personnes qui en tiennent lieu en font la demande lors de son inscription; les programmes d'études et les examens doivent assurer une connaissance d'usage de la langue française à ces enfants et le ministre doit prendre les mesures nécessaires à cette fin.

Les commissaires ou les syndics d'écoles doivent, soit organiser ces cours dans leurs écoles, soit se prévaloir des dispositions des articles 469 et 495, soit se prévaloir des dispositions de l'article 496, soit prendre à la fois plusieurs de ces mesures.

"4e de s'assurer que les cours d'études dispensés dans leurs écoles sont conformes aux programmes d'études et aux règlements édictés ou approuvés pour les écoles publiques catholiques, protestantes ou autres, selon le cas:".

3. L'article 3 de la Loi du ministère de l'Immigration (1968, chapitre 68) est modifié en ajoutant, à la fin, le paragraphe suivant:

"e) prendre, de concert avec le ministre de l'Education, les dispositions nécessaires pour que les personnes qui s'établissent au Québec acquièrent dès leur arrivée ou même avant qu'elles quittent leur pays d'origine la connaissance de la langue française et qu'elles fassent instruire leurs enfants dans des institutions d'enseignement où les cours sont donnés en langue française."

4. L'article 4 de la Loi du ministère des affaires culturelles (Statuts refondus, 1964, chapitre 57) est remplacé par les suivants:

"14, L'Office de la Langue française doit, sous la direction du ministre:

a) veiller à la correction et l'enrichissement de la langue parlée et écrite;

b) conseiller le gouvernement sur toute mesure législative ou administrative qui pourrait être adoptée pour faire en sorte que la langue française soit la langue d'usage dans les entreprises publiques et privées au Québec;

c) élaborer, de concert avec ces entreprises, des programmes pour faire en sorte que la langue française y soit la langue d'usage et pour assurer à leurs dirigeants et à leurs employés une connaissance d'usage de cette langue;

d) conseiller le gouvernement sur toute mesure législative ou administrative qui pourrait être adoptée en matière d'affichage public pour faire en sorte que la langue française y soit prioritaire;

e) créer un centre de recherches linguistiques et coordonner dans le Québec toute activité de recherches en ce domaine,

"14a, L'Office de la Langue française peut entendre toute plainte de tout employé ou tout groupe d'employés à l'effet que son droit à l'usage de la langue française comme langue de travail n'est pas respecté.

Après avoir entendu les parties, considéré la langue de la majorité dans l'entreprise ou dans la division de l'entreprise dont il s'agit, la nature du travail, et toutes les autres circonstances, l'Office fait les recommandations qui s'imposent, lesquelles sont publiques.

L'Office, dans l'exercice de l'autorité conférée par le présent article, possède tous les pouvoirs d'un commissaire nommé en vertu de la Loi des commissions d'enquête (chap. 11).

5. La présente loi entre en vigueur le jour de sa sanction sauf les articles 1 et 2 qui entreront en vigueur le 1er juillet 1970 ou à toute autre date antérieure qui sera fixée par proclamation du lieutenant-gouverneur en conseil."

toriques: "d'abord l'obligation d'enseigner l'anglais dans les classes françaises et inversement, l'ouverture des classes anglaises à des citoyens qui ne sont pas nécessairement protestants" (*le Jour* du 23 octobre 1975, p. 5). Certains anglophones n'ont pas mâché leurs mots: "A cheap political decision" a déclaré la PSBGM au sujet de la loi 22. Car les anglophones ne veulent pas être bilingues (1): au Québec, près de 80% d'entre eux ne parlent que l'anglais; l'agence de recrutement et de placement Pollack and Associates, dont le siège social est à Ottawa, a axé sa publicité auprès des cadres québécois sur le thème "Vous limite-t-on parce que vous ne parlez pas le français?" (*le Jour* du vendredi 11 octobre 1974, p. 15). Environ 40% des postes de cadres supérieurs à combler requièrent le bilinguisme, 37% sont proposés aux unilingues anglais et 10% aux unilingues français. Au nom de la compétence évidemment! Les cadres des compagnies privées d'électricité avaient la même attitude en 1962; l'Hydro-Québec francophone est devenue la compagnie la plus compétente du monde dans le domaine hydro-électrique et ses services sont requis dans maints pays.

Un pétard mouillé

Dans les faits, la loi 22 ne change pas grand-chose.

(1) *Le récent départ du Québec de six contrôleurs aériens unilingues anglais le montre assez bien.*

La loi 22 et les 14 nouveaux droits
qu'elle accorde aux Anglo-Québécois

L'article 133, à l'origine, limitait aux points suivants la place de l'anglais au Québec: droit de parler anglais à l'Assemblée et rédaction en anglais des procès-verbaux et des lois; droit de plaider en anglais devant les tribunaux.

Par le projet de loi 22, les habitudes suivantes deviennent garanties comme des droits en addition à l'article 133:

1. obligation morale de fournir des versions anglaises des documents officiels (article 8);

2. obligation aux municipalités qui le font déjà et dont dix pour cent des administrés sont de langue anglaise de continuer à rédiger leurs textes et documents officiels en anglais; la version anglaise étant alors aussi authentique que la française obligatoire (article 9);

3. obligation pour l'administration publique d'accepter de toute personne, même morale, qu'elle s'adresse à elle en anglais (article 11);

4. l'anglais, langue officielle à égalité du français dans les organisations municipales et scolaires dont les administrés sont en majorité de langue anglaise (article 13);

5. possibilité reconnue juridiquement de pouvoir être unilingue anglais dans les postes administratifs du gouvernement (article 14);

6. droit de parler anglais en assemblées délibérantes, non plus seulement à l'Assemblée nationale, comme dans l'article 133, mais ainsi partout dans l'administration publique (article 15);

7. droit de rédiger en anglais également les contrats conclus au Québec avec l'administration publique (article 17);

8. obligation morale créée aux entreprises d'utilité publique et de transport, et aux corps professionnels de fournir une version anglaise des avis, communications, formulaires et imprimés destinés au public (article 20);

9. obligation morale aux employeurs de donner en anglais leurs avis, communications et directives lorsque leur personnel est en partie de langue anglaise (article 24);

10. droit conféré à une majorité simple de salariés syndiqués présents à une assemblée de négocier en anglais et de rédiger les conventions collectives en anglais, avec version française seulement obligatoire (article 26);

11. droit de libre choix entre l'anglais et le français pour la formulation des griefs (article 28) et des procédures qui les accompagnent (article 29);

12. droit d'obtenir la rédaction en anglais comme en français des contrats d'adhésion, des contrats où figurent des clauses de styles imprimées, ainsi que les bons de commandes, les factures et les reçus imprimés (article 39);

13. droit de tout consommateur d'exiger un contrat d'achat en anglais;

14. droit pour les commissions scolaires de donner l'enseignement en langue anglaise, si elles ont déjà commencé à le faire, avec interdiction de cesser de le faire ou de commencer à le faire si elles ne le font déjà, sans l'autorisation du ministre.

Extrait du rapport du Mouvement du Québec Français présenté à la commission parlementaire sur l'étude du projet de loi 22 par F.-A. Angers, *Journal des débats*, le 18 juin 1974, no 99, pp. B-3769 et B-3770.

Le ministre de l'Education lui-même le reconnaissait: "L'application actuelle de la loi 22 ne fait qu'entériner le statu quo sans véritablement corriger la situation" (*le Devoir* du 14 avril 1975). Il est par ailleurs consolant d'apprendre que la loi 22 n'est pas appliquée: ça nous fait une belle jambe! Selon le directeur adjoint de la C.E.C.M., "les inscriptions dans les écoles anglophones de Montréal pourraient être réduites de moitié comparativement à ce qu'elles sont actuellement, si la loi des langues officielles (sic!) est (sic!) appliquée sévèrement" (*le Jour* du vendredi 11 octobre 1974, p. 15). Howard Grafftey (député conservateur de Brome-Missisquoi au fédéral) prétend que "la loi 22 a été mal appliquée et mal expliquée au public" (*le Jour* du 1er octobre 1975, p. 6). Jérôme

Loi sur la langue officielle du Québec

Loi sur la langue officielle
Sanctionnée le 31 juillet 1974 (P.L. 22).

Attendu que la langue française constitue un patrimoine national que l'état a le devoir de préserver, et qu'il incombe au gouvernement du Québec de tout mettre en oeuvre pour en assurer la prééminence et pour en favoriser l'épanouissement et la qualité;

Attendu que la langue française doit être la langue de communication courante de l'administration publique;

Attendu que les entreprises d'utilité publique et les professions doivent l'employer pour communiquer avec la population et avec l'administration publique;

Attendu que les membres du personnel des entreprises doivent pouvoir, dans leur travail, communiquer en français entre eux et avec leurs supérieurs;

Attendu que la langue française doit être omniprésente dans le monde des affaires, particulièrement en ce qui concerne la direction des entreprises, les raisons sociales, l'affichage public, les contrats d'adhésion et les contrats conclus par les consommateurs;

Attendu qu'il importe de déterminer le statut de la langue française dans l'enseignement;

A ces causes, Sa Majesté, de l'avis et du consentement de l'Assemblée nationale du Québec, décrète ce qui suit:

Titre I
La langue officielle du Québec

1. Le français est la langue officielle du Québec.

Extrait

Choquette sait, lui, que cette loi est inapplicable, pour avoir en vain essayé de l'appliquer. "Retenir une loi qui fonde la détermination de droit sur des textes imprécis, des exigences administratives ou des décisions ministérielles introduit, par le fait même, des éléments d'arbitraire, de conflit et de discorde (...)" (Jérôme Choquette dans sa lettre de

démission, adressée à Robert Bourassa). Pauvre
président du P.N.P., martyr d'une loi qui n'est pas
un acte de foi selon l'avis même du président du
Parti libéral Maître Claude Desrosiers, lequel pré-
tendait que la réglementation accompagnant la loi
pourrait être modifiée. M. Bourassa a préféré modifier son cabinet.

La langue d'un saignement

Les transferts linguistiques n'ont pas cessé malgré
la loi 22; le pouvoir assimilateur de l'anglais reste
aussi fort auprès des immigrants (83% des étudiants anglophones de la C.E.C.M. ne sont pas de
langue maternelle anglaise et 92% des Néo-
Québécois nouvellement inscrits à la C.E.C.M.
fréquenteront le secteur anglophone à l'automne).
Quant aux tests linguistiques, il semble qu'ils
soient d'une relative facilité: la commission scolaire régionale de l'Yamaska a mis au point ses
propres tests mais a jugé bon toutefois de faire
passer aux huit étudiants qui demandaient leur
transfert au secteur anglophone, les tests du ministère en plus des siens: aux tests de la commission
scolaire, il y eut 8 échecs et aux tests du ministère,
cinq réussites. L'affaire, d'ailleurs, ne devait pas en
rester là. La commission scolaire ayant refusé à
l'élève Doré son transfert à l'école anglaise, les
parents de l'enfant ont fait appel au ministre qui
accepta le transfert. La commission scolaire con-

Chapitre V de la loi 22
La langue de l'enseignement

"40. L'enseignement se donne en langue française dans les écoles régies par les commissions scolaires, les commissions scolaires régionales et les corporations de syndics.

Les commissions scolaires, les commissions scolaires régionales et les corporations de syndics continuent de donner l'enseignement en langue anglaise.

Une commission scolaire, une commission scolaire régionale ou une corporation de syndics actuelle ou future ne peut valablement prendre la décision de commencer, de cesser, d'accroître ou de réduire l'enseignement en langue anglaise à moins d'avoir obtenu l'autorisation préalable du ministre de l'Education, lequel ne la donne que s'il est d'avis que le nombre d'élèves de langue maternelle anglaise relevant de la compétence de l'organisme le justifie; lorsqu'il s'agit de cesser ou de réduire cet enseignement, le ministre tient aussi compte, en donnant son autorisation, du nombre d'élèves autrement admissibles.

Néanmoins, la commission scolaire du Nouveau-Québec peut donner l'enseignement, dans leurs langues, aux Indiens et aux Inuits.

41. Les élèves doivent connaître suffisamment la langue d'enseignement pour recevoir l'enseignement dans cette langue.

Les élèves qui ne connaissent suffisamment aucune des langues d'enseignement reçoivent l'enseignement en langue française.

42. Il appartient à chaque commission scolaire, commission scolaire régionale et corporation de syndics de déterminer la classe, le groupe ou le cours auquel un élève peut être intégré, eu égard à ses aptitudes dans la langue d'enseignement.

43. Le ministre de l'Education peut cependant, conformément aux règlements, imposer des tests pour s'assurer que les élèves ont une connaissance suffisante de la langue d'enseignement pour recevoir l'enseignement dans cette langue. Il peut, le cas échéant, exiger qu'une commission scolaire, une commission scolaire régionale ou une corporation des syndics révise l'intégration des élèves conformément aux résultats de ces tests.

Ces tests doivent tenir compte des niveaux d'enseignement, y compris la maternelle, pour lesquels les demandes d'inscription sont faites, ainsi que de l'âge et du niveau de formation des candidats.

Les règlements doivent prévoir un appel au ministre qui doit, avant d'en disposer, prendre l'avis d'une commission de surveillance de la langue d'enseignement instituée à cette fin. La décision du ministre est sans appel.

44.   Les programmes d'études doivent assurer la connaissance de la langue française, parlée et écrite, aux élèves qui reçoivent l'enseignement en langue anglaise, et le ministre de l'Education doit prendre les mesures nécessaires à cet effet.

Le ministre de l'Education doit également prendre les mesures nécessaires pour assurer l'enseignement de la langue anglaise, langue seconde, aux élèves qui reçoivent l'enseignement en langue française.''

tinua de refuser, s'appuyant sur des motifs péda- gogiques. Le ministre de l'Education, après avoir pris avis de son contentieux, demanda par lettre à la commission scolaire de "donner suite à (sa) décision et (de) modifier en conséquence sa résolu- tion (...) à moins que les parents Doré ne revien- nent sur leur décision d'inscrire leur fils Alain à l'enseignement en langue anglaise" (Lettre datée du

7 novembre 1975). Et coïncidence incroyable, les parents Doré décidèrent soudainement de laisser leur fils à l'école française pour "son bien pédagogique". De quoi laisser songeur... et faire croire que les commissaires de St-Hyacinthe avaient raison.

Mais les commissaires ont très peu de pouvoirs et ceux-ci sont subordonnés à ceux du ministre. Dans le cas de la loi 22, il est clair que le ministre a le dernier mot. Même si une commission scolaire est fermement décidée à faire respecter les objectifs de la loi 22, elle peut rencontrer des obstacles fort difficiles à surmonter. A preuve, ce qui s'est passé à St-Hyacinthe, (le cas de l'élève Doré), ce qui s'est passé à Ste-Foy (le jugement Deschênes), ce qui s'est passé à Jérôme-Le Royer (la solution Garneau). Une commission scolaire peut fixer le taux de passage des tests linguistiques mais ne peut pas voir ces tests, lesquels sont fabriqués par l'équipe pédagogique du ministère de l'Education et tenus secrets (!!!): elle peut donc faire comme la commission scolaire de l'Argile Bleue de Beloeil et fixer le taux à 90 %; elle peut aussi fabriquer ses propres tests (1), mais ceux-ci n'ont jamais la valeur définitive des tests du ministère. Mais dans un cas ou l'autre, les parents peuvent en appeler au ministre qui fait passer à l'enfant les tests du minis-

(1) *Les nouveaux tests et leurs nouvelles conditions de passage n'ont rien changé au problème. Ils sont soumis au même secret et au même arbitraire.*

tère et fixe son propre taux de passage: rappelons qu'avec des résultats moyens de 53 o/o, une perception auditive de 42% , une expression orale de 87% et écrite de 31% , le ministre permettait à l'enfant Doré d'aller à l'école anglaise. Il est vrai que les considérations pédagogiques ne semblent pas peser lourd dans ce jeu de chiffres.

Au cégep et à l'université, on croque des 222

Il y a des secteurs de l'éducation que la loi 22 ne couvre pas: les cégeps, les universités, les écoles privées et les maternelles. Dans les deux derniers cas, les statistiques sont très difficiles à obtenir. Combien de Néo-Québécois et de francophones fréquentent les maternelles anglophones du Québec et les écoles privées anglophones du Québec?

Enseignant dans un cégep francophone, nous savons que le nombre d'anglophones y est presque nul; 2 ou 3 étudiants par année sur 1,400 étudiants. Quant aux Néo-Québécois, leur nombre est également très limité : 25 au plus. Mais dans les cégeps anglophones, il n'en est pas de même, loin de là: un rapide sondage mené par Pierre Demers auprès de ses 105 étudiants, au collège Dawson, a permis d'établir que seulement cinq d'entre eux ont l'anglais comme langue maternelle ou d'usage; le nombre de Néo-Québécois y est à ce point élevé qu'on a dû ouvrir des classes d'anglais, langue seconde. Ce professeur a même rencontré plusieurs étudiants ne sachant parler ni l'anglais ni le français. Si la loi 22 s'était appliquée au collégial, en serait-il ainsi? Le gouvernement québécois devrait s'inquiéter de cette situation et identifier exactement la clientèle des cégeps anglais. Signalons quatre des sept solutions suggérées par Pierre Demers:

1. limiter les cégeps anglais aux seuls anglophones;

2. rendre l'anglais optionnel et le français obligatoire;

3. diriger tous les nouveaux immigrants vers les C.O.F.I. s'ils ne parlent pas le français et vers les cégeps français dans le cas contraire (...);

4. s'assurer que tous les élèves acceptés aient une bonne connaissance de l'anglais (...).

(*le Jour* du lundi 27 octobre 1975, p. 23)

On ne connaît pas les statistiques universitaires à ce chapitre. Mais notre expérience personnelle nous permet de croire que de nombreux francophones, que la grande majorité des Néo-Québécois et que la presque totalité des anglophones fréquentent les universités anglophones du Québec et de l'Ontario. Au cégep de St-Hyacinthe, à l'automne 1975, on a vu des universités ontariennes, réputées de deuxième ordre, racoler les étudiants québécois du collégial en leur proposant des études universitaires accessibles sans diplôme de niveau collégial. Quelle serait la valeur d'études universitaires faites en anglais, pour des étudiants francophones qui n'auraient même pas un D.E.C.?

Donc pour les secteurs qu'elle ne couvre pas, La Palice dirait que la loi 22 ne s'applique pas: elle permet tous les transferts. Quant au flot de transferts possibles aux niveaux primaire et secondaire, il est endigué non par le barrage mais par le filet de la loi 22. Car il n'est pas difficile de passer au secteur anglais. Voici sept bons moyens d'y parvenir, et la liste n'est pas exhaustive:

1. s'inscrire dans une maternelle anglaise;

2. s'inscrire au système privé;

3. s'inscrire dans un cégep ou une université anglophone;

4. fréquenter les sous-sols d'églises italiennes;

5. faire un faux serment et déclarer que l'enfant est de langue maternelle anglaise;

6. se déclarer protestant (ce qui est facile car quiconque n'est pas catholique est protestant selon la loi de l'instruction publique);

7. envoyer quand même l'enfant à l'école anglaise comme le font près de 70 % des parents dont les enfants ont été refusés à l'école anglaise. A l'école protestante on accueille à bras ouverts les francophones qui veulent passer au secteur anglophone.

Dans le domaine de l'éducation, la loi 22 n'a rien changé, malgré l'affirmation du ministre Garneau selon laquelle le nombre d'élèves autrement admissibles au secteur anglophone avait diminué de 14% . Cette diminution s'explique sans doute par le fait que beaucoup d'allophones se sont déclarés de langue maternelle anglaise pour éviter les tests. La loi 22 a tout simplement appris aux citoyens à mentir.

Cloutiardise lalondesque

Dans le domaine du français — langue de la publicité —, ce n'est guère plus reluisant; la francisation des raisons sociales a de quoi faire rire: Paule Beaugrand-Champagne cite des cas à se rouler par terre (*le Jour*, juillet 75).

—Elève Cloutier! Traduisez-moi Superior Business Machines Leasing Ltd.

—Superior Machines de bureau Leasing Ltée.

—100%!

Voilà comment on respecte la loi 22. Et si l'on veut éviter ce charabia, on peut toujours demander une charte fédérale: dans ce cas, la loi 22 ne s'applique plus, mais plutôt la loi du Canada, pays bilingue. (1)

—Vassal Cloutier, traduisez-moi l'article 1 de la loi 22 "Le français est la langue officielle du Québec".

—English is the official language of the province of Quebec, Mr Trudeau.

Le règlement relatif à la langue de l'étiquetage est sans ambiguité, du moins dans son principe: "Les étiquettes, les certificats de garantie et les notices des produits ainsi que les menus et cartes de vins doivent être rédigés en français (...)" (août 1975). Quelques mois auparavant, le ministre fédéral de la Consommation et des Corporations, André Ouellet, avait précisé que "les manufacturiers de véhicules automobiles, d'appareils électro-ménagers et d'autres biens durables du genre ne seront pas tenus d'utiliser le français dans l'étique-tage de leurs produits, quand il s'agit de pièces de

(1) *Selon une consigne du gouvernement fédéral qui aurait été émise récemment, les compagnies de la couronne, les services et les ministères fédéraux ne se plieront pas à la loi 22 et ne demanderont pas de certificats de francisation.*

rechange" (*la Presse* du samedi 15 mars 1975, p. C6). O vertus du fédéralisme... rentable! "M. Lalonde a déclaré que le gouvernement compte sur la dénonciation des citoyens (...)" (*le Jour* du mercredi 20 août 1975, p. 4).

Voilà qui est fait!

Les derniers barreaux de l'échelle

Et le français langue de travail? En juin 1974, "sur les 14 entreprises approchées (...) par l'Office de la langue française dans le but de faire du français *la langue du travail*, seulement deux ont accepté de le faire substantiellement" (Lysiane Gagnon dans *la Presse* du samedi 8 juin 1974, p. A1). Les mesures incitatives du gouvernement Bourassa n'ont jamais porté fruit. Une compagnie peut se franciser à peu de frais; les cours de français sont défrayés par le gouvernement québécois, la Régie offre gratuitement ses services et les autres dépenses à cet effet sont déductibles d'impôts; on estimait, en 1974, que franciser la General Electric requerrait le travail de cinq personnes pendant cinq ans soit moins de un demi-million de dollars.

Il faudrait de plus que ces compagnies aient des politiques linguistiques reflétant la réalité québécoise, ce qui n'est pas le cas. Prenons l'exemple d'une compagnie qui veut se mettre à l'heure de la loi 22. On a classé ses ouvriers en six catégories qui vont du directeur à l'employé payé à l'heure. On apprend que l'unilingue anglais est aux postes de commande à 65%, que l'unilingue français est au bas de l'échelle à 80%; que 54% du personnel est francophone bilingue mais que moins de 25% des postes de commande lui est réservé; qu'on ne parle jamais le français dans les bureaux et rarement l'anglais autour de la boîte à lunch et qu'on n'écrit jamais en français du haut en bas ou de bas en haut de la hiérarchie, car un anglophone unilingue pourrait bien ne pas comprendre.

—Elève Klouthier, récitez-moi les attendus 4 et 5 de la loi 22.

—Whereas the members...

—Non! dans l'autre langue officielle.

—Oh! s'cuse me. Attendu que les membres du personnel des entreprises doivent pouvoir, dans leur travail, communiquer entre eux et avec leurs supérieurs; attendu que la langue française doit être omniprésente dans le monde des affaires, particulièrement en ce qui concerne la direction des entreprises, les raisons sociales, l'affichage public, les contrats d'adhésion et les contrats conclus par les consommateurs...

—Bravo, petit François! 100 % pour la théorie, mais pour la pratique, faudra faire des exercices. Vous ne franciserez pas 22 multinationales avant les prochaines élections. D'ici là, vous pouvez changer de ministère; et aux prochaines élections, changez de comté. Soyez diplomate, que diable!

Le français, langue de travail? "The official language for air — ground communication within the (James Bay) Complex, will be English." "Les entreprises doivent posséder le certificat (de francisation) pour avoir le droit de recevoir de l'administration publique (...) les primes, subventions, concessions ou avantages déterminés par les règlements, ou pour conclure avec le gouvernement les contrats d'achat, de service, de location ou de travaux publics aussi déterminés par les règlements" (loi 22, article 28). La Société d'énergie de la Baie James devrait bientôt perdre ses contrats si ce n'est déjà fait! Il est vrai qu'il est dangereux de voler en français: c'est une langue tellement poétique que le premier pilote venu pourrait prendre les indications de la tour de contrôle pour des vers de Victor Hugo (1). Surtout que le français coûte cher quand il faut le faire apprendre aux étrangers. Ce n'est pas l'inflation qui fera hausser le coût des aménagements de la Baie James, mais c'est la loi

(1) *Récemment, Air Canada faisait un pas de plus en reconnaissant aux pilotes francophones le pouvoir de se commander une tasse de café en français. Ca bouge à Air Canada.*

22 qui oblige la compagnie Bechtel "à briser ses équipes de travail pour en former de nouvelles ayant une connaissance praticable de la langue française" (Jacques Keable dans *le Jour*, juillet 1975).

Le gouvernement québécois fait-il tout en son pouvoir pour faire respecter le français dans le monde du travail? Les règlements sur la francisation des entreprises sont annoncés pour la mi-février. On apprend que les primes et subventions à la francisation émaneront de toute l'administration publique (ministères et sociétés d'état) mais que seuls les ministères seront tenus de préférer les compagnies francisées quand ils accorderont des contrats (*la Presse* du 10 janvier 1976, p. A8). Voilà une belle occasion de ratée! Et dans les permis délivrés aux membres des corporations professionnelles, le gouvernement ne pourrait-il pas être plus sévère et exigeant? De nouveaux règlements seront soumis bientôt à cet égard; ils seront sous le signe de la souplesse...

Ainsi, un nouvel arrivant canadien aurait un permis d'un an renouvelable; la réglementation n'aurait aucun effet rétroactif, etc. (*le Jour* du jeudi 8 janvier 1976, p. 4). Et dans l'attribution des permis de taxi à Montréal, pourquoi ne fait-on pas respecter le règlement no 4 qui dit que nul ne peut obtenir un permis de chauffeur de taxi s'il ne comprend pas clairement le français (*le Jour* du mercredi 5 novembre 1975, p. 10)? Comment se fait-il qu'à l'Hôpital de l'Ungava, une institution soumise aux critères du ministère des Affaires sociales du Québec, les deux langues de travail soient l'anglais et l'inuktitutt: "Since the business language in Nouveau-Quebec is English and since the Inuit has not accepted French as a second language and the language of communication is English, the language need in the hospital will be English and Inuktitutt..." (*le Jour* du lundi 17 novembre 1975, p. 9). Et (soyez attentif, la phrase sera longue) quand des travailleurs québécois (ceux-ci fussent-ils des contrôleurs aériens) sont suspendus pour avoir parlé le français, peut-on croire que la réaction québécoise (qui a consisté pour le premier ministre à dire que ce geste était inadmissible mais de juridiction fédérale, et que le Québec allait faire des "représentations") était suffisante et de nature à faire bouger Ottawa? Nous n'en sommes pas, hélas, à un paradoxe près. *Le Jour* titrait: "Alors que deux contrôleurs aériens francophones sont suspendus, Lalonde: "L'usage du français est un mouvement irréversible" (le 10 décembre 1975, p. 4).

Encore une fois, il a fallu que les francophones assurent eux-mêmes leur défense, sans pouvoir compter sur un appui efficace du gouvernement qui est sensé défendre leurs intérêts: ce sont les pilotes et contrôleurs francophones qui ont mené cette lutte. Pour le faire, ils ont dû lutter seuls et contre leurs confrères anglophones. Et si le français fait maintenant partie du manuel de contrôle aérien, c'est à eux-mêmes qu'ils le doivent et non au gouvernement québécois ou à Otto Lang, ni à Air Canada ou à Québécair qui se sont lavés les mains de ce problème, ni enfin à CP Air qui s'est opposé à l'introduction du français dans les communications aériennes.

En fait, cette victoire est bien mince et fragile (1), comme toutes les bonnes nouvelles dans ce domaine! Il est émouvant d'apprendre que les trois anglophones du groupe des 34 accusés de la United Aircraft ont voulu que leur procès ait lieu en français. Et ça fait plaisir de savoir que Lucien Saulnier a déclaré à un groupe d'hommes d'affaires pendant la crise due à CFCF: "We have outlined the period of Pat Burns".

Le tapis sous les pieds

En résumé, la loi 22 n'est pas plus appliquée à Québec que la Loi sur les langues officielles ne l'est à Ottawa. A ce compte, il eût mieux valu faire une loi qui ne fît pas de l'anglais une langue officielle au Québec. Le chef de l'opposition s'est appliqué à démontrer à l'Assemblée nationale, lors de l'adoption de la loi 22, que cette dernière plaçait le Québec dans une position juridique désavantageuse en refusant d'abroger l'article 133 de l'Acte de

(1) *Voyez comme nous étions naïfs! Nous croyions que c'était une victoire.*

l'Amérique du Nord Britannique; ce faisant, le Québec acceptait qu'on puisse interpréter cet article dans le sens de la liberté de choix de la langue d'enseignement; le contraire aurait mis Ottawa dans une situation difficile, lui qui s'était tu en 1890 et en 1913 lors de l'adoption de l'anglais comme seule langue d'enseignement au Manitoba et en Ontario.

De plus, cette loi n'était pas voulue par les Québécois. Le gouvernement la leur a imposée de force. Il faut relire le bel article de Maurice Champagne sur la violence du projet de loi 22 et son adoption, paru dans *la Presse* du 26 juin 1974. Il y souligne la violence de la procédure d'adoption (choisir l'été, profiter d'une majorité très peu représentative, consulter dans un délai de quinze jours, limiter le temps de parole, favoriser certains groupes, s'en prendre à la représentativité de certains autres, refuser d'entendre des mémoires, fatiguer une opposition parlementaire réduite, refuser des suggestions), la violence du contenu et la violence du contexte. Il faut relire le *Journal des débats* des 11, 12, 13, 15, 29 et 30 juillet 1974 pour se convaincre de la qualité plus que relative des discussions et des arguments d'une chambre parlementaire qui devait à tout moment s'interroger sur son quorum: étaient-ils vingt, étaient-ils trente? Ils auraient pu être cent dix! Et le sort du Québec français se jouait!

Dans un climat d'apparente insouciance, de décadence morale et politique, dans un pays où la loi est un vain mot, dans une province où en dépit de la loi, la majorité ne peut faire respecter ses droits les plus élémentaires, faut-il s'étonner que l'enseignement du français tourne au drame?

La loi 22
et l'histoire de nos petits-enfants

Pour que nos enfants puissent se souvenir de ce glorieux moment d'une histoire que notre gouvernement a honte de rendre obligatoire (pourquoi ne pas invoquer la liberté pour les parents de choisir leur histoire?), voici quelques phrases historiques prononcées par nos représentants populaires. A nos petits-enfants, on demandera qui en était l'auteur; on leur fera peut-être les réponses qu'on trouvera à la fin du questionnaire.

Qui a dit:

1. "Ce projet de loi consacre la primauté absolue du français" (*Journal des débats*, vol. 15, no 66, 29 juillet 1974, p. 2247).

2. "Mais pour ceux qui (...) résident au Québec, même s'ils fréquentent l'école anglaise pendant quelques années, cela ne fait pas d'eux nécessairement des candidats à l'as-

similation parce que l'école constitue une forme d'intégration à la société" (*Idem*, vol. 15, no 55, 12 juillet 1974, p. 1718).

3. "(Le mémoire du) Protestant School Board of Greater Montreal m'a (...) impressionné mais plutôt par son ignorance du milieu québécois et le ton méprisant qu'il prend trop souvent à l'égard des Québécois francophones; un ton presque rhodésien pour ceux qui savent ce que cela veut dire" (*Idem*, vol. 15, no 56, 13 juillet 1974, p. 1792).

4. "Le gouvernement fédéral (...) constitue à mon avis une force assimilatrice de premier ordre au Québec et ailleurs dans le monde" (*Idem*, vol. 15, no 56, p. 1796).

5. "Il faut tellement tout gagner qu'on est prêt à perdre en secret pour dire qu'on a sauvé l'essentiel" (*Idem*, vol. 15, no 56, p. 1797).

6. "La survie au Québec est davantage un accident historique que le résultat d'une volonté historique" (*Idem*, vol. 15, no 56, p. 1790).

7. "On n'a jamais — et c'est dommage pour l'Ontario — accordé des droits ou des usa-

ges ou des coutumes à cette minorité franco-
phone, que les anglophones ont eus ici à
Québec. C'est dommage, mais c'est trop
tard pour essayer de régler les problèmes du
Québec sur le dos des gens de l'Ontario"
(*Idem*, vol. 16, no 56, p. 1798).

8. "Mais (...) d'essayer de priver les jeunes
   Canadiens français d'apprendre l'anglais par
   les moyens que leurs parents trouvent nécessaires, c'est là une trahison contre les
   Canadiens français" (*Idem*, vol. 15, no 56,
   p. 1799).

9. "Nous serons une forteresse francophone et
   inébranlable" (*Idem*, vol. 15, no 56,
   p. 1803).

10. "Allez-vous-en sur la plage, bande de bouf-
    fons" (*Idem*, vol. 15, no 55, p. 1750).

Réponses:

1. François Cloutier. Il a été ministre de la
   Culture et de l'Education durant quelques
   années. Il fut député de plusieurs comtés et
   son goût des voyages fit qu'à chaque élection, il se présenta toujours plus à l'ouest.

Il sauva l'Europe et l'Afrique du fléau des cégeps en y prêchant une croisade fort célèbre contre un tel réseau d'enseignement.

2. Yves Tardif. Il fut le roi du beau, bon, pas cher. Il restera célèbre pour cette phrase qui résume son analyse serrée de la réalité québécoise et la connaissance intime qu'il en eut.

3. Jean-Paul L'Allier. L'histoire se refuse à croire que le ministre faisait alors allusion à la discrimination et à l'apartheid qui prévalaient en Rhodésie. L'auteur fait sans doute allusion à l'influence qu'auraient pu exercer les francophones au Rhode Island.

L'Allier fut un ministre contesté. Il somma le premier ministre d'alors de définir le concept de souveraineté culturelle; "c'est le contraire du niveau de vie" répondit Robert-analogique-et-encyclopédique. Le concept de souveraineté culturelle intrigue encore nos historiens; mais les études ryanesques pourraient bien jeter une lumière nouvelle sur la question; dans son *Devoir* du 30 juin 1967, Claude Ryan écrivait: "Comment peut-on soutenir que le gouvernement québécois doive remettre au seul gouvernement d'Ottawa le soin de réglementer la radio et la télévision"; le 16 juillet 1975, il devait compléter sa pensée en ajoutant: "Nul ne conteste la compétence exclusive du gouvernement fédéral en matière de radio-diffusion et de télévision." L'apparente contradiction de ces deux versets ne saurait résister à l'analyse. Les exégètes sont à l'oeuvre.

4. Jean-Paul L'Allier. Jean-Baptiste L'Allier, l'actuel ministre des Télécommunications, est le petit-fils de Jean-Paul L'Allier. C'est lui qui dirigeait la délégation québécoise à la dernière conférence fédérale-provinciale sur les communications; il devait déclarer à la sortie de cette conférence: "A l'an pro-chain!"

5. L'Allier. Il fut longtemps question de mettre cette phrase en exergue de la loi 22.

6. L'Allier. On voit jusqu'à quel point le ministre pouvait voir loin... derrière lui.

7. Harry Blank. Outre les raffinements syntaxiques, on appréciera ici une manifestation typique de l'humour britannique.

8. Harry Blank. Il faut voir ici une preuve éclatante de cet esprit d'entraide mutuelle qu'on appelait à l'époque le "fair play".

9. Jean Boudreault. L'histoire, cette grande faucheuse, n'a pas toujours su reconnaître ses prophètes.

10. Robert Bourassa. Cette phrase prouve la grande confiance que pouvait avoir en lui ce grand timonier de l'Etat. Cet appel aux siens, qu'il lançait d'une façon si bougonne, il aurait su se l'appliquer, si sa belle-famille ne l'eût déjà fait, tant noble était son âme.

De la confusion des langues

Toutes les manifestations de ce drame ne sont que des conséquences. Et celles-ci ne se manifestent pas seulement par des fautes d'orthographe! Une madame Alain dit s'appeler "Allen", elle est une bonne Canadienne française, elle veut inscrire son fils à l'école anglaise et elle ne veut pas qu'il soit un porteur d'eau! Un commissaire d'écoles nous dit dans un français plus que douteux qu'il est fier d'être Canadien français, et qu'il vote pour la liberté de choix de la langue d'enseignement; 75,000 familles francophones du Québec se croient obligées de parler anglais à la maison, etc. (cf. chapitre III).

Quand nos hommes politiques, les artistes, les étoiles du sport, tous les gens en vue parlent un français chaotique, il y a de quoi être inquiet. Quand les professionnels patentés, ceux-là mêmes qui ont fait leur cours classique "à une époque où les professeurs enseignaient le français plutôt que d'encourager le joual", nous font parvenir des lettres comme celle-ci, il y a de quoi être confus.

DR. E. F. ABC
Chirurgiens Dentistes

Dr. O. XYZ
Dental Surgeons

Mlle Ann Gadbois
245, Champlain
Beloeil, P.Q.

Le 4 septembre 1974

Chère Ann,

A votre demande, nous vous avons inscrit a notre Programme de Controle de Santé Buccale. A cette fin nous voulons vous rappeler notre désir de vous revoir au cours du prochain mois de Septembre Veuillez donc communiquer avec nous pour fixer un rendez-vous.

Lors de cette visite une attention particulière sera portée aux points suivants:

-Examen complet de votre bouche.
-Examen radiographique partiel
-Examen radiographique complet
-Controle de l'efficacité des mesures d'hygiène buccale
(plaque)
-Prophylaxie et détartrage.
-Application Topique de Fluor.
-Controle des traitements déjà effectués dans votre bouche.
-Séquence d'éruption et croissance.
-Autres.

Les honoraires pour cette visite de controle seront de
$Assurance Maladie du Québec

Nous voulons enfin vous mentionner que la prévention
et la controle des maladies de votre bouche sont nos objectifs et que nous ne pouvons les réaliser qu'avec votre collaboration et votre aide.

Dentairement vôtre,

E.F.A.B.C.

Quand on assiste à une conférence et qu'un
collègue anglophone remet un texte dont voici un
extrait, on comprend les dangers du bilinguisme.

Le programme de Mosaïque a duré de 1970 à 1974
et représentait le plus ancien programme spécial à
Dawson, considéré comme l'école expérimentale du
secteur des Arts. Il était pourvu de personnel des dé-
partements d'Anglais et d'Humanités et accordait des
crédits dans ces sujets et en Communications, Arts,
Sciences sociales et Philosophie. Les buts principaux
du programme étaient: (1) d'encourager une liberté
maximale du plant d'études et de la méthode, décou-
lant d'une connaissance de l'individualité unique de
chaque étudiant, (2) de développer une perception et
une responsabilité sociales, qui amèneraient la capacité de vivre en coopération créative plutôt qu'en com-
pétition avec les autres. L'accent n'a pas été placé sur
l'instauration de ces principes dans les règlements
mais sur leur développement au cours des années par

un groupe de personnes qui essaient d'établir ces buts dans leur propre vie. Alors, en supprimant la structure préfabriquée des cours, du programme , des rôles étudiant-professeurs, et de l'appui institutionnel, le programme de Mosaïque offrait la chance d'apprendre à établir une école selon chaque goût. Cette expérience formait le centre le l'enseignement de l'école.

Quand nous lisons que "la langue s'inscrit dans la lutte des classes, dans la lutte de libération des masses. La langue de la classe des travailleurs est majoritaire. L'autre c'est la langue d'une classe bourgeoise qui opprime, qui colonise, qui asphyxie", nous disons qu'il y a enflure verbale (Desdemone Bardin, *Diphtongues et lutte des classes*, Editions québécoises, 1974, p. 56). Quand nous lisons que "marxiste en parole et en pensée, le joual proclame le nivellement social, dénonce l'aristocratie de l'éducation et de l'instruction, le français authentique, la culture française et la civilisation chrétienne et appelle le peuple au pouvoir, la dictature du prolétariat, moins la lutte des classes, à l'école, parce qu'on hésite encore à violenter son esprit et sa mission", nous disons qu'il y a inflation verbale (Propos tenus par le juge Ferland devant les membres du Club Kiwanis St-Laurent et reproduits dans *la Presse* du samedi 22 septembre 1973, p. A4). Quand nous entendons que Lysiane Gagnon aurait commis on ne sait plus combien de centaines de fautes de français dans ses articles sur le drame de l'enseignement du français, nous disons qu'il faut cesser de chercher la bête noire. Quand des Québécois francophones disent avoir vu un million et demi de séparatistes sur le Mont-Royal le 24 juin, nous disons encore qu'il y a aveuglement; il y en avait deux millions.

Les extrêmes s'attirent

Mais quand nous voyons, lisons, entendons tout ça, nous comprenons mieux les résultats du sondage paru dans *la Presse* du 8 juin 1974, à savoir que:

. 57 % des répondants préfèrent le maintien d'un double réseau d'écoles publiques; mais 40 % sont pour un réseau unique et francophone;

. 53 % des répondants estiment que tous les enfants d'immigrants devraient fréquenter l'école française mais 39 % sont pour le libre choix;

. 90 % des répondants souhaitent l'intervention du gouvernement pour promouvoir l'usage du français dans les services publics, le monde du travail et des affaires.

. 38 % croient que la situation du français ne changera pas, 35 % croient qu'elle s'améliore et 17 % qu'elle régresse;

. 62.5 % des péquistes sont en faveur du libre choix de la langue d'enseignement.

Confusion, contradiction, division! On constate toutefois que les répondants sont plus pessimistes s'ils sont de la région métropolitaine: il faut sans doute vivre le problème pour voir le danger. Cette hypothèse expliquerait aussi l'optimisme plus grand des femmes, elles qui ne sont pas en aussi grand nombre sur le marché du travail et sont donc aux prises avec le milieu anglophone du travail. On remarque enfin que la crainte augmente avec le niveau de scolarité; le savoir rend conscient et la culture populaire du Canal 10, de *Montréal-Matin* et des centres commerciaux rend sans doute les gens heureux de leur sort. Le sondage montre que ce sont les moins scolarisés et les plus scolarisés qui sont en faveur de mesures coercitives; les moins scolarisés s'aperçoivent sans doute qu'ils ont tout à gagner dans un Québec francophone, les plus scolarisés qu'ils n'ont rien à perdre et les deux groupes , qu'ils ont une dignité à sauver. Et il y a là, sans doute, un fond de vérité qui dure car lors d'une récente enquête menée par un comité de parents en collaboration avec la commission scolaire de Rivière-du-Loup et portant sur l'attachement au français dans cette région, on a obtenu des résultats semblables:

. 47 % souhaitent que le français soit la seule langue de travail;

. 50 % croient que l'anglais a sa place;

les sur-scolarisés et les sous-scolarisés privilégient le français comme langue de travail; les semi-scolarisés (secondaire V et cégep) préfèrent les deux langues.

(Ces résultats sont parus dans *le Saint-Laurent* du jeudi 3 juillet 1975, p. 7).

L'entre-deux n'est pas rose

Les répondants semi-scolarisés (de 6 à 13 ans de scolarité) doivent sans doute compter sur leur bilinguisme pour s'en sortir: pas assez instruits pour être autonomes et s'imposer par leur seule compétence, trop instruits pour porter l'eau des autres, ils ont pour eux la connaissance de l'anglais, ce qui les rend perméables à tous les compromis et en fait les porte-étendards de la liberté des autres: c'est la race des contremaîtres, des chefs de bureaux, la race de ceux qui savent écouter en anglais et se faire obéir en français; c'est la race des petits malins, des arrivistes, des visages à deux faces (ça permet d'être bilingues); c'est à eux qu'on confie les ''jobs de bras'' linguistiques, c'est à eux qu'on propose de choisir entre le niveau de vie et la souveraineté culturelle; ce sont eux qui, dans un français chancelant ou dans un français qui a honte de ses origines nous diront leur fierté de parler français dans leur sous-sol climatisé, qui se scandaliseront du joual et des professeurs barbus, eux les joufflus perclus;

Les insolences de Lysiane Gagnon
ou le drame du frère Untel?

Qui, de Lysiane Gagnon ou du frère Untel a écrit ces phrases?

1. "Les habiles font du commerce; les imprimeurs impriment, les conspirateurs conspirent, et tout le monde improvise."

2. "J'en connais même qui envoient leur progéniture à l'école anglaise... pour que les jeunes n'attrappent pas "cet affreux accent" (...) Ainsi, la langue mourra, mais elle sera morte vierge et martyre." *Frère Untel*

3. "Le programme est si vague et de portée si générale qu'il permet somme toute n'importe quoi."

4. "Tous les professeurs de français ne sont pas nécessairement formés dans cette discipline. (...) Et ce ne sont pas les professeurs qui lisent le plus."

5. "Et nous commençons à savoir ce que c'est un changement de programme. Ce que cela implique d'improvisations."

6. "Les cours de français au secondaire? C'est tout et c'est n'importe quoi, n'importe comment, on y trouve le meilleur et le plus farfelu, et une absence à peu près totale de cohérence et de continuité d'une année à l'autre."

7. "On peut, au Québec, faire tout son cours secondaire sans avoir jamais lu un livre au complet."

8. "Je pense qu'il faudrait fermer pendant deux ans, au moins, et envoyer tout le personnel enseignant à l'école."

9. "L'exemple de la démission et du manque de rigueur vient de très haut (...) L'exemple du mépris vient de très haut."

10. "On parle joual; on vit joual; on pense joual. Les rusés trouvent à cela mille explications; les délicats diront qu'il ne faut pas en parler; les petites âmes diront qu'il ne faut pas faire de peine aux momans. Il est pourtant impossible d'expliquer autrement un échec aussi lamentable: le système a raté." *Frère Untel*

Réponses:

a) frère Untel: 1, 2, 5, 8, 10.

b) Lysiane Gagnon: 3, 4, 6, 7, 9.

eux qui se satisferont de bredouiller le français pourvu qu'ils sachent parler et écrire l'anglais, eux, ces "p'tits Jos connaissants" qui ignorent l'histoire de notre peuple, ignorent notre culture, se refusent à nos créations et à nos projets collectifs, s'émeuvent des films de fesses et de Frank Sinatra, regardent Mannix au 10 et approuvent la violence policière. Ce sont ces gens qui gouvernent le Québec aujourd'hui et qui tentent de répandre leur idéologie. Si ces gens-là ont raison, pourquoi nos enfants doivent-ils apprendre le français? Si ces gens-là ont raison, quels mensonges les enseignants de français ne devront-ils pas raconter pour motiver leurs élèves? Le drame de l'enseignement en français n'est qu'un acte du drame du français au Québec.

Hommage à Lysiane

On pourrait, bien sûr, se lancer sur la piste de Lysiane Gagnon et argumenter dans le sens de ses propos ou contre eux. Il faut souligner, on l'a peu fait, la grande tradition du journaliste défenseur de la langue française au Québec, que perpétue Lysiane Gagnon et dont Etienne Parent, Olivar Asselin, Henri Bourassa, Jean-Marc Léger, André Laurendeau et d'autres ont été des représentants. Cette langue en action, vive et au service d'elle-même, est l'un des traits caractéristiques de notre littérature. Ce qu'a voulu faire Lysiane Gagnon est assez clair: alerter l'opinion publique. Elle l'a fait avec succès en traçant un tableau hallucinant de l'enseignement du français au Québec.

On ne peut la chicaner sur l'utilisation de certains moyens stylistiques, qu'elle manie avec habileté; choix d'un vocabulaire à forte charge affective: charabia , flagrant , confusion , engouement (mots relevés au fil de la plume à la page 7 de son livre); multiplication d'exemples excessifs qui servent bien son propos; témoignagnes judicieusement choisis de "parents", de "commissaires", de "profs", d'"étudiants"; choix de titres percutants; construction par accumulation de détails, utilisation fréquente des conclusions simples et faciles à retenir qui ressortent d'elles-mêmes après avoir été mille fois sous-entendues ou suggérées, (ex.: l'improvisation, l'incohérence, l'inflation verbale, la manie des gadgets, le chauvinisme et la dégradation de la formation générale). Lysiane Gagnon, en bonne journaliste, sait le poids des mots, et l'utilisation qu'elle doit en faire quotidiennement la désigne mieux que toute autre pour porter un pareil témoignage.

Ce témoignage est celui de quelqu'un qui a une idée précise de la culture générale: "le sens de la logique et de la rigueur, le sens critique, la capacité de s'informer et certains éléments de connaissances..." (p. 53). La façon d'y arriver? "Ecrire des textes longs et structurés en fonction d'un sujet imposé (c'est par là que se développent les qualités de la logique, le sens critique et la rigueur intellectuelle"... (p. 26). Malgré son désir de dénoncer les failles à tous les paliers du système d'enseignement, il ressort toutefois que l'accusation la plus grave porte sur l'absence de programmes cohérents, de méthodes efficaces et de moyens adéquats. Mais à notre avis, le vrai drame de l'enseignement du français peut être illustré par cette phrase: "le principal argument de M. Cloutier pour "vendre" l'école française aux immigrants, c'est de leur promettre que l'anglais y sera mieux enseigné" (p. 55). Ce sont les derniers mots de Lysiane Gagnon. Ils auraient pu être nos premiers.

A joual sur les mots dits maux

1. Qui a dit:

"Je laissais entendre que je n'étais pas contre (le joual). Depuis j'ai pris conscience et j'ai adhéré au dynamisme culturel et linguistique de ce qu'on appelle le joual. Cette langue-là (...) je lui découvre une légitimité et une signification profondes. J'ajouterais que le joual a un apport spécifique à apporter à la francophonie, l'avenir le prouvera."

2. Qui a écrit:

a) "Le joual est une langue désossée."

b) "Le joual est une décomposition."

c) "Notre inaptitude à nous affirmer, notre refus de l'avenir, notre obsession du passé, tout cela se reflète dans le joual..."

d) "Nos élèves parlent joual parce qu'ils pensent joual, et ils pensent joual parce qu'ils vivent joual (...) C'est toute notre civilisation qui est jouale."

e) "Dès quatre heures de l'après-midi, (l'enseignant de français) commence d'avoir tort. C'est toute la civilisation qui le nie; nie ce qu'il défend, piétine ou ridiculise ce qu'il prône."

f) "Nous vivons joual par pauvreté d'âme et nous parlons joual par voie de conséquence."

g) "Pour échanger entre primitifs, une langue de primitif suffit; les animaux se contentent de quelques cris. Mais si l'on veut accéder au dialogue humain, le joual ne suffit plus."

3. Quel lien pouvez-vous faire entre le premier texte et les sept suivants?

4. Qui a proposé les moyens suivants de vaincre le joual?

Soeur Roquet, le frère Untel, Jérôme Choquette, moi-même, Jean-Marie Laurence?

a) contrôle absolu de la radio et de la télévision; défense d'écrire ou de parler joual sous peine de mort;

b) destruction en une seule nuit par la police provinciale (...) de toutes les enseignes commerciales anglaises et jouales;

c) autorisation pour deux ans de tuer à bout portant tout fonctionnaire, tout ministre, tout professeur, tout curé qui parle joual.

5. Voici des noms de gens connus. Laquelle des dix phrases ci-dessous ont-ils prononcée?

le linguiste Gilles Bibeau;
le poète Jacques Brault;
le poète Paul Chamberland;
le juge Philippe Ferland;
l'écrivain Anne Hébert;
Parti-Pris (toute l'équipe);
le cinéaste Pierre Perreault;
le critique Jean-Claude Trait;
Michel Tremblay.

A. "Le joual est une sous-langue: il est par nature, confusion, appauvrissement, privation, désagrégation."

"Voilà pourquoi (le joual) appelle non une solution linguistique, mais une solution politique: une mutation de réalité."

B. "Le joual, ce n'est tout au plus qu'une "parlure" de pauvres types comme vous et moi, perdus dans des villes laides à faire peur, dans des structures sociales et mentales (et pédagogiques) elles-mêmes délabrées et pourries (...) Bref le joual n'existe que négativement comme une impuissance à parler, comme un non-langage."

C. "Le joual se défend tout seul (...) (Les gens) pensent qu'il s'agit là d'un problème linguistique alors qu'il s'agit d'un problème politique."

D. "Le joual c'est pour nous faire ch... (...) On s'adresse aux intellectuels et aux bourgeois —forcément puisque ce sont eux qui nous lisent! — et on veut leur montrer qu'il n'y a plus de langue au Québec, que le Québec, c'est fini. A moins qu'il n'y ait une révolution."

E. "Le joual est vulgaire et ce qui est vulgaire est beau."

F. "*Les Belles Soeurs* sont une dénonciation du langage. Non pas une dénonciation morale, mais en ce sens qu'elles placent le Québécois de Montréal devant sa propre manière de parler; c'est le reflet de ce que la société a fait des Québécois et inévitablement ça se retrouve dans le langage."

G. "Mais quand il est question de nommer la vie tout court (amour, haine, ennui, joie, deuil, chimère, colère, saisons, mort), cette chose étonnante qui nous est donnée sans retour, nous ne pouvons que balbutier."

H. "Pourquoi le joual c'est-y l'fun? Passe que ça a pas de règles de grammaire ben méchantes, ben achalantes. Moé, chus pas pour les règles. Chus t'un anarchiste. Les règles, ça magane une langue..."

I. "Marxiste en parole et en pensée, le joual proclame le nivellement social, dénonce l'aristocratie de l'éducation et de l'instruction, le français authentique, la culture française et la civilisation chrétienne et appelle le peuple au pouvoir, la dictature du prolétariat, moins la lutte des classes à l'école, parce qu'on hésite encore à violenter son esprit et sa mission."

J. "Le joual, ce parler familier populaire du Québec, possède toutes les caractéristiques d'une langue, il en a tous les atouts et toutes les possibilités."

Réponses:

1. Jean-Paul Desbiens.

2. Le frère Untel.

3. Aucun. Détail étrange toutefois: Jean-Paul Desbiens et le frère Untel sont une seule et même personne. Il est vrai qu'elle fut éditorialiste à *la Presse*. Ce qui n'explique rien.

4. Il s'agit du frère Desbiens dit le frère Untel.

Soeur Roquet est trop bien sous et dans tous les rapports.

Jérôme Choquette en aurait été empêché, ou par la justice ou par la loi 22 qui ne prévoit pas qu'on puisse assassiner des curés, fussent-ils membres du *consiglio italiano*.

Jean-Marie Laurence n'aurait pas osé proposer une solution qui lui aurait retiré le pain de la bouche.

Si vous avez répondu "moi-même", joignez-vous aux preux chevaliers du juge Ferland dans leur lutte contre la montée du marxisme au Québec.

5. A: Paul Chamberland;
   B: Jacques Brault;
   C: Michel Tremblay;
   D: Parti-Pris;
   E: Pierre Perreault;
   F: Michel Tremblay;
   G: Anne Hébert;
   H: Jean-Claude Trait;
   I: Philippe Ferland;
   J: Gilles Bibeau.

Le fin mot de vains maux

Le secteur privé continue de gonfler ses effectifs aux dépens du secteur public. En cinq ans, le collégial du secteur privé a augmenté ses effectifs de 53% et en huit ans, le secteur privé secondaire a augmenté les siens de 78% . Outremont et Ste-Foy ne sont pas réputés être des milieux de petits salariés: dans le premier cas, 45% des élèves sont inscrits au secteur privé; dans le deuxième cas, durant les trois dernières années, le nombre des élèves de niveau secondaire a augmenté de 33% . Pour récompenser ces efforts, on augmente de 22% les subventions du secteur privé pour 1976, et de 8.3% celles du secteur public pour la même année (*le Jour* du vendredi 20 juin 1975, p. 5).

Les écoles privées pratiquent un écrémage systématique de la clientèle publique: sur 91 écoles privées, 6 seulement offrent la voie "allégée ", 8 ne s'adressent qu'aux "forts"; 61 qu'aux "forts" et "moyens". De plus, ces maisons n'offrent pas le coûteux enseignement professionnel qui a pour effet d'augmenter le nombre d'étudiants dans les classes du secteur général. Enfin, ces écoles s'auto-évaluent et ne sont pas soumises à des règles d'accréditation. Richement subventionné, choisissant ses étudiants et la nature de son enseignement, n'ayant aucune obligation à l'égard de qui que ce soit, le secteur privé pratique une concurrence déloyale au secteur public. Pourtant, selon une enquête menée par la commission scolaire de Tilly, le secteur privé ne présente des résultats supérieurs qu'en religion et... en anglais! Signe des temps? Les commissions scolaires ne souffrent pas toutes de gigantisme; la qualité de l'enseignement n'y est pas inférieure et la discipline n'en est pas partout absente. Les raisons de cette attirance pour le secteur privé dépendent des valeurs auxquelles les gens adhèrent et plus profondément encore de l'idéologie dominante savamment entretenue par les autorités en place: "Je ne suis pas du tout convaincu, pour ma part, qu'il soit sage d'intégrer le général et le professionnel, comme nous l'avons fait. J'ai toujours eu des réserves là-dessus..." (François Cloutier le 14 mai 1975 à Paris; *le Jour* du 15 mai 1975, p. 5).

On cherche souvent la cause de la désaffection des étudiants pour le secteur public francophone dans la faiblesse de son enseignement du français. On se gausse des méthodes nouvelles et de leurs prophètes: croire qu'on peut atteindre à une connaissance "intégrée" de l'orthographe telle qu'on saurait écrire comme on sait aller à bicyclette est d'une ineptie ou d'une naïveté déconcertante; croire que l'écriture aujourd'hui est celle qu'on fait avec un magnétoscope démontre bien peu de rigueur dans l'enseignement du français; croire que dans l'emploi de la langue, "chacun fait ce qu'il veut (ou, ce qui revient au même, ce qu'il peut), chacun est seul juge des matériaux qui conviennent", c'est faire peu de cas des notions de codes, de communication, d'efficacité, de puissance et de pérennité du message. On va même jusqu'à prétendre que l'enseignement du français est supérieur dans le secteur anglophone. Une dame de Beloeil affirmait dernièrement qu'on ne pouvait dresser les chiens qu'en anglais. Nous n'avons pas compris où elle plaçait la supériorité d'une langue que les humains partageaient avec la race canine.

On peut, dans une autre direction, prétendre que le problème est mondial et que même les Français ne savent plus écrire; on ira jusqu'à dire qu'il s'agit d'un problème occidental, que les méthodes audio-visuelles, la primauté de l'oral sur l'écrit, ont tué la langue écrite; et pourquoi pas, que la source de nos maux est dans la mort de la galaxie Gutenberg! Il faut remarquer que l'oral et l'écrit, dans le domaine de l'apprentissage, ont très peu en commun: si on apprend à parler comme on apprend à marcher, on ne peut croire qu'on peut apprendre à écrire avec les mêmes facultés innées, au risque d'écrire comme ses pieds! Il faut vouloir apprendre à écrire pour y parvenir et l'écriture est un système inventé par l'homme, avec autant de règles et de rigueur que tout autre système, comme par exemple la notation musicale, les notations chimiques, etc. On n'écrira jamais comme on parle! Apprendre à écrire exige de la volonté, de l'effort, de la pratique et une connaissance consciente du système de l'écrit. Reprenons ici les propos d'Armand Daigneault, conseiller pédagogique sûrement pas de pointe, mais aux idées claires.

L'élève attend du professeur:

."qu'il connaisse sa matière et sa classe;

.qu'il prépare ses cours et corrige ses travaux;

.qu'il traite tout le monde de la même manière;

.qu'il ne se déguise pas en élève;

.qu'il soit disponible quand ses élèves ont besoin de lui;

.qu'il ne leur crie pas par la tête."

(le Devoir du mercredi 9 avril 1975, p. III)

Malgré les psycoucicouças et leur désir d'individualiser, de conscientiser, de créer des milieux de vie, il faudra bien admettre que l'élève vient à l'école pour apprendre. Mais hélas ces simples vérités semblent inaccessibles puisque le ministère de l'Education n'a même pas une idée claire de ses objectifs. Le problème n'est pas limité au Québec. Ainsi, "à l'Université de Colombie-Britannique près de 40% des élèves en première année d'études collégiales (...) ont coulé l'examen obligatoire en simple composition anglaise" (*Bulletin de l'Association canadienne d'éducation*, mars/avril 1975, no 19, p. 1). Mais si l'école est malade au Québec, c'est beaucoup plus grave que n'importe où ailleurs en Amérique du Nord. Car une société ne se survit à elle-même que par la transmission d'idéologies. Pendant des années, l'école québécoise a satisfait une population homogène qui se retrouvait en elle. L'école, comme l'écrit Fernand Dumont, ne fait pas que lutter contre l'ignorance; elle se propose comme une systématisation de l'initiation sociale; au Québec, des valeurs comme la religion et la langue ont été transmises avec efficacité par l'école. La religion en perte de vitesse, la langue en danger, l'école reste l'un des derniers remparts idéologiques québécois, l'un des derniers lieux d'homogénéisation sociale. Les idéologies sont nécessaires; sans elles, il n'y aurait pas de pouvoir possible, "il n'y aurait pas non plus de société, et pas d'humanité sans doute (...) Et il n'y aurait pas davantage de science" (Fernand Dumont, *les Idéologies*, P.U.F., 1974, p. 173). L'école est le lieu idéologique par excellence, surtout au Québec. Il est temps de faire taire les faux prophètes. Ce n'est pas Michel Chartrand qui a dit: "Lorsque vous avez fait consciemment ou inconsciemment l'option de la démocratisation de l'enseignement, vous avez pratiquement fait l'option de changer la société"; c'est François Cloutier à Paris, le 14 mai 1975, le même qui, au lendemain de la parution du *Drame de l'enseignement du français* de Lysiane Gagnon, déclinait toute responsabilité, évoquait le monde occidental et l'avenir prometteur de son plan de développement des langues (les lendemains qui chantent!) et dénonçait "la dégradation que certains révolutionnaires (...) sont en train, actuellement, d'encourager" (*la Presse* du 12 avril 1975, p. C6). La dégradation est condamnable mais la décadence également: la première, bruyante, fait parler d'elle;

la seconde est sournoise, hypocrite, mais inéluctable. Chez nous, la décadence, c'est l'assimilation par en-dedans.

L'assimilation par en-dedans

L'école prend son sens par ce qui l'entoure. Et ce qui l'entoure, c'est ce climat politique et social stagnant et même décadent, c'est le français bafoué dans le monde du travail, de l'affichage, de la publicité, humilié dans le monde de l'enseignement, écrasé dans le milieu de l'immigration. On a tort de croire que l'école sauvera la société: elle en est le reflet, l'image exacte. Le drame de l'enseignement du français, c'est le drame du français au Québec, et finalement, le drame du Québec. "Au Québec, malgré tout, nous formons encore une nation distincte et assez homogène, mais nous sommes soumis à la phase insidieuse de l'assimilation celle où l'adversaire agit sur les mentalités, les manières de voir, et les solidarités affectives. Un respect partiel de notre langue entretient les illusions. Nos écoles demeurent francophones en surface, mais elles sont mortes à l'esprit français" (Jacques Poisson dans *le Jour* du 26 août 1974, p. 5).

Le drame c'est que le Québec vit en diglossie, c'est-à-dire dans "une situation bilingue où l'une des deux langues est de statut socio-politique inférieur". Jacques Poisson, dans une admirable série d'articles intitulée *Idéologies et contre-idéologies*, a su jeter une lumière nouvelle sur ce problème et proposer des voies de recherche et des amorces de solution. Répondre à son appel néces-sitera rigueur et intelligence, ce qui ne court plus les rues dans le Québec d'aujourd'hui, aux dires même de l'auteur. Jacques Poisson multiplie les exemples, les hypothèses, les explications. Il fait remarquer combien notre vision de la langue fran-çaise s'est altérée au cours des dernières années: de "claire, sûre, raisonnable, sociale, harmonieuse et probe", elle est perçue comme "académique, diffuse, sclérosée, compliquée, rigide, inapte à l'objectivité, à l'information (...)" (*le Jour* du mercredi 18 décembre 1974, p. 9). La recherche de l'original à tout prix, le snobisme du débraillé, l'anti-élitisme cabré contre l'esprit, l'obscurantisme à gogo, l'égalitarisme intellectuel, le chauvinisme anti-français, la pensée en miettes sont autant de dangers qui nous guettent, fruits d'idéologies amé-ricaines, entrant dans un cadre de référence qui n'est plus nôtre et que l'école elle-même propage.

Dès 1967, Jacques Poisson avait vu le danger: "Nous avons troqué un vieil asservissement clérical, religieux pour un mysticisme social, économique, étranger. Nous avons substitué un conformisme ur-bain de type USA, à un conformisme régional, ru-ral et québécois" (*Education québécoise*, vol. 1, no 2, novembre 1967, p. 11). C'est ça la "phase insidieuse de l'assimilation"; elle passe par cette fabulation qui nous fait rêver d'enseigner le français à la France, qui nous fait croire que le Québec est le dernier bastion d'un français encore vivant et même que le Québec est le creuset d'une nouvelle langue. Notre joual est attelé "entre les brancards du pro-américanisme et de la francophobie" (*le Jour* du samedi 22 février 1975, p. 15). Le drame de l'enseignement du français passe aussi par la pression acculturante de la "pax americana" et de ses idéologies dominantes. Et Jacques Poisson de nous inviter à l'étude de "l'acculturation sous ses diverses formes et dans tous ses cheminements, à l'analyse des idéologies acculturantes et par-dessus tout, à l'examen des possibilités d'une contre-acculturation méthodique" (*le Jour* du mercredi 18 décembre 1974, p. 9). Le drame de l'enseignement du français a ses causes multiples, variées et profondes; il peut avoir aussi, on le voit, ses solutions.

Il existe plus de rapports qu'on ne croit — et des rapports plus étroits — entre la langue d'un peuple et son état social.

L'abbé Vincent

Les voix du silence

Il ne faut pas croire que tout est si pénible en ce printemps 1976, que tout est désastreux, que tout est perdu. Malgré le silence de la population franco-

phone, malgré l'apathie gouvernementale, malgré
les déceptions nombreuses dans plus d'un domaine
(culture, communications, qualité de la vie, etc.),
malgré la mauvaise foi ou la bonne conscience dans
l'application de la Loi sur les langues officielles et
la loi 22, il y a des indices de changements profonds
qui se manifestent. Le silence parle; des signes ap-
paraissent, porteurs d'un sens qui prendra toute sa
valeur demain.

L'appel que Jacques Poisson lance aux jeunes
intellectuels québécois vient à son heure. Pour y
répondre, il fallait connaître ce que le Québec a
connu depuis quinze ans; il fallait se donner un sol,
un nom, une conscience, se conditionner à un com-
portement de majoritaires adultes.

Avons-nous oublié que l'état québécois n'existait
presque pas avant 1960? Qu'il n'y avait pas de
fonction publique québécoise? Qu'il n'y avait pas
de sociétés québécoises telles la S.G.F., la S.D.I., la
SOQUEM, la SOQUIP, etc.? Qu'il n'y avait pas de
maisons du Québec à l'étranger? Pas de ministère de
l'Immigration? Pas de Radio-Québec? Pas de ministère de l'Education? Pas de cégeps? Pas d'Université du Québec? Pas d'Hydro-Québec puissante?
Pas de centres de recherches? Pas de réseaux rou-
tiers modernes? Pas de polyvalentes? Pas de regroupements municipaux? Pas de ministère des
Affaires sociales? Pas d'Assurance-maladie? Pas de
Régime des rentes du Québec? Pas de Sidbec? etc.
etc.

Avons-nous oublié qu'avant 1960, nous étions Québécois par bravade? De Français, il avait fallu devenir Canadiens, puis Canayens, puis Canadiens français. A chaque fois, notre identité nous échappait, noyée dans une majorité qui nous ravissait notre appartenance. Nous savons maintenant qui nous sommes, et où nous sommes; et là où nous nous trouvons, ceux qui sont comme nous sont majoritaires. Acquérir un nom et un sol en quinze ans, c'est quelque chose!

Nous avons redécouvert notre passé culturel et avons fait du présent son prolongement. La chanson québécoise s'est identifiée aux gens d'ici comme jamais auparavant. Les éditeurs et les chercheurs nous ont redonné les grands textes d'autrefois, des *Relations des Jésuites* aux journaux des patriotes. Les ethnologues et les archéologues nous ont réappris les arts québécois, les secrets de l'architecture ancestrale, la cuisine d'autrefois. Le cinéma s'est donné une âme québécoise de *Mon oncle Antoine* à *Kamouraska* en passant par *les Dernières fiançailles*. Les poètes, les romanciers, les dramaturges, les essayistes ont analysé, découpé, senti, perçu et exprimé ce que nous sommes, avons été et voulons être. Le Québec nommé, vu, assumé, les poètes se sont tus, satisfaits. L'appartenance est dite et la délivrance n'appartient pas à la plume.

Le syndicalisme québécois a pris figure ici. Le syndicalisme de défense est devenu un syndicalisme de combat. Il s'est battu sur le front social et politique. On lui doit d'avoir formé des éveilleurs de conscience et des troupes militantes dont l'action a débordé le cadre strictement syndical: Jean Marchand, Pierre Elliot Trudeau, Pierre Vadeboncoeur, Paul Cliche, Robert Burns, etc. Les organisations de quartier, les coopératives de services, les conseils d'administration de corporations publiques et de caisses populaires doivent une bonne partie de leur dynamisme au syndicalisme québécois et à son ancêtre l'Action catholique. Cette sorte de syndicalisme québécois existait à peine il y a quinze ans.

Comme n'existait pas il y a quinze ans ce début de dynamisme économique qui a fait basculer doucement les caisses populaires de la banque à la coopérative d'épargne, qui a fait se développer le pouvoir économique de l'état et de ses sociétés, le pouvoir économique de quelques grandes compagnies québécoises comme Bombardier, Sidbec et Marine Industries, qui a fait se multiplier les coopératives de toutes sortes: fédérée, coopérative de Granby, cooprix, comptoirs alimentaires, Tricofil, Manseau, caisses d'économies, coopératives d'achats, etc. Tout cela en quinze ans; l'avons-nous oublié?

Il y a quinze ans, René Lévesque n'était pas encore un homme politique; le R.I.N. n'existait pas, ni, bien sûr, le Parti québécois. Notre conscience a quinze ans. Ces années ont passé si vite et ont vu naître tant de choses que nous avons l'impression que 1960 c'était à la fois hier et à l'origine des

temps.   Pour l'élève du primaire, l'étudiant du secondaire et le cégépien c'est de la préhistoire ou
presque.   Nos espoirs les plus fous, nos rêves déli-
rants, le souffle libérateur qu'ont connus ceux qui
ont aujourd'hui entre 30 et 40 ans n'existent pas
pour ces jeunes; les Québécois ont trop vite oublié
à quelles sources ils ont bu. Braqués sur le changement à tout prix, nous n'avons pas su voir qu'il
fallait préparer nos enfants à prendre la relève.
Nous avons voulu leur offrir ce que nous n'avions
pas eu; mais leur avons-nous donné ce que l'on
nous avait inculqué de meilleur? Il y a là aussi une
autre explication au drame de l'enseignement du
français.

Mais après quinze ans notre enthousiasme s'est
assoupi. Nos forces se sont usées; notre élan s'est
ralenti; nous avons produit et produit encore; notre conviction a tenu lieu d'expérience.   Et ces
changements profonds qu'a subis notre société, il
nous faut maintenant les accepter, les digérer, les
intégrer. Nous avons cru qu'il suffirait de changer
les structures; il faudra accepter que les hommes
soient en retard sur leurs rêves et que la réalité ne
soit pas facilement à l'image de nos désirs. Le
silence d'aujourd'hui est un moment de réflexion.

Le gruyère qui chante

Les outils que nous nous sommes forgés, il faudra du temps pour apprendre à les manier. Il y a

des échecs qu'il vaut mieux connaître tôt. Aux élections de 1970, certains pensaient, avec un enthousiasme juvénile, que la seule foi suffirait. En 1973, le néophyte naïf espérait qu'il suffirait d'avoir raison pour vaincre. L'année 1970 a donné une analyse révolutionnaire à une société ni prête ni faite pour ce genre d'aventures. Nous avons connu le rêve compensatoire du Québécois-supérieur-en-tout: la plus belle musique, la plus belle littérature, etc.; le mythe de la langue québécoise autonome; l'espoir fou de la lutte de tous les travailleurs réunis (le Front commun): tout cela devrait bientôt céder la place à un réalisme prometteur.

Il y a des signes nombreux de l'apparition de ce réalisme: un parti politique décide de se structurer, d'analyser froidement et tactiquement la situation pour en tirer le meilleur parti possible; des militants acceptent de poser des gestes dont les conséquences seront à long terme; le militantisme a quitté les ornières du romantisme mais s'inspire de la conviction de toujours progresser. Quand l'urgence d'aboutir nous fait nous hâter lentement; quand on a la conviction que, si l'on fait tout ce qu'on doit, l'enracinement progressera et l'idéologie québécoise se polira, alors la libération n'est qu'une question de temps. Ce silence si lourd du printemps 1976 est celui du travail dans l'ombre.

Sans tambours ni trompettes, des victoires ont été remportées. C'est ainsi que, malgré la volonté des commissaires d'écoles de St-Hyacinthe exprimée à l'été 1974, on n'a pas ouvert d'écoles anglaises à St-Hyacinthe, ville francophone à 99%. Le président de la commission scolaire avait donné les raisons de cette demande dans une interview accordée à l'émission *Présent-Edition québécoise* de la radio de Radio-Canada, le 11 septembre 1974: les voici, dépouillées de leurs cachotteries et réticences verbales et lavées de leurs scories linguistiques.

Il faut des écoles anglaises à St-Hyacinthe

1. parce qu'il faut faire comme ailleurs;

2. parce que St-Hyacinthe étant zone désignée, les capitaux angophones devraient affluer;

3. parce que l'absence d'écoles anglaises ferait fuir les investisseurs anglophones;

4. parce qu'on ne peut pas empêcher les anglophones d'apprendre l'anglais;

5. parce que ça sert la cause canadienne;

6. parce qu'au Canada, il y a liberté de pensée;

7. parce qu'il ne faut pas avoir peur de sa langue;

8. parce qu'il faut avoir pitié des petits anglophones contraints de faire une longue route pour se ren-

dre à l'école;

9. parce que ça va permettre de voir ce qui va se passer.

Ce concert hétéroclite de raisons relevait de la plus pure tradition d'humiliation collective où l'on retrouve la peur de ne pas être à la mode; la croyance que l'anglophone est un pourvoyeur de dollars, que le Canadien français est incapable d'initiatives économiques; que le pire de nos maux c'est d'être francophones mais qu'il faut bien porter sa croix; le préjugé que l'argent a une odeur linguistique; le sentiment d'être collectivement battu, et qu'on n'y peut rien; l'utopie du bilinguisme intégral; la croyance que la langue ne relève que d'un choix individuel; l'absence de tout sentiment de solidarité collective, l'affirmation fanfaronne de sa fierté d'être Canadien français, l'apitoiement larmoyant sur le sort des minoritaires et finalement, un je-m'en-foutisme naïf mais hérissant. Heureusement, les citoyens maskoutains ont su réagir; un front commun contre la création de classes anglaises à St-Hyacinthe a permis à plusieurs de se manifester. Il y avait longtemps que St-Hyacinthe n'avait fait entendre des échos de fierté nationale. C'est un signe des temps.

L'attitude des commissaires d'écoles permet bien des espoirs: la commission scolaire des Mille-Iles a décidé d'inscrire tous les étudiants de son territoire à l'école française, sauf les anglophones qui pourront opter pour l'école anglaise; la commission scolaire de St-Exupéry a décidé que, sauf exception, tout élève doit recevoir l'enseignement en français; la commission scolaire de Chambly a adopté des normes sévères pour l'admission au secteur anglophone; la commission scolaire Jérôme-Le Royer a décidé de diriger automatiquement les enfants des pré-maternelles et maternelles d'accueil pour immigrants au secteur francophone; la commission scolaire de l'Argile-Bleue a décidé de diriger au secteur francophone tous les francophones et allophones et de faire subir des tests et une entrevue aux "anglophones" dont la connaissance de l'anglais semble douteuse; la commission scolaire régionale de l'Yamaska a posé des conditions sévères au transfert des étudiants du secteur francophone au secteur anglophone. On doit souligner également le dynamisme des jeunes commissaires d'écoles francophones élus nombreux lors des dernières élections scolaires. Les francophones du Québec veulent tirer le meilleur parti possible de la loi 22.

Le sentiment francophone de la majorité pousse doucement à la francisation de quelques entreprises: c'est bien peu mais c'est toujours ça! On pense au programme "français langue du travail" lentement implanté à la compagnie Shell, à la C.I.L., à la General Electric, etc. Ce même sentiment pousse des syndiqués comme ceux de la General Motors à revendiquer le français, langue du travail. Le même sentiment a poussé la C.E.C.M. à faire marche arrière après une décision d'enseigner l'anglais dès la 4e année du primaire. Ce sentiment s'affirme grâce à la quantité et à la qualité de l'information sur ces questions. Les quotidiens *le Jour*, *la Presse* et *le Devoir* apportent régulièrement l'information nécessaire, sans compter les grandes enquêtes des dernières années, le rapport annuel du commissaire aux langues et les rapports de la Régie de la langue française qui paraîtront avant le 31 mars de chaque année, etc. La situation progresse à bien d'autres égards: l'étiquetage bilingue, l'exploitation commerciale de symboles québécois, la publication d'une partie de la *Gazette officielle* en français uniquement, l'ouverture sur la francophonie, grâce à la Super franco-Fête de 1974, les échanges culturels entre les pays francophones, etc.

Les Springate ont bon pied mais mauvais oeil

Il est intéressant de voir se développer chez l'anglophone québécois un sentiment défensif de minoritaire. Les bérets blancs peuvent aller se rhabiller: CFCF prend le leadership des miracles: "Ce soir nous avons reçu une visite très spéciale: un soldat qui a laissé ses deux jambes sur la plage de Dieppe est venu signer la pétition. Mais lui aussi se tient debout pour le Canada" (*la Presse*, *Perspective* du 18 octobre 1975, p. 14). La Gestapo peut baisser ses manches; CFCF veille au grain: "Si le gouvernement peut mettre un petit enfant de quatre ans dans une salle, tout seul, sans ses parents, avec un examinateur du gouvernement, ce petit-là peut bien signer la pétition. Lui aussi se tient debout pour le Canada" (*Ibid.*) Précoces ces petits anglophones! L'Allemagne hitlérienne c'était la dolce vita (pour conserver à notre image un caractère fasciste) à côté de la loi 22 qui donne "le droit au gouvernement de mettre les Anglais dans des camps de concentration!" (*Ibid.* p. 15). Barry Stanton, un Américain habitant le Québec depuis trois mois, a bien senti la cause profonde de ces stupidités: "Une peur qui n'ose dire son nom (...) The devil theory of history (...) A un peuple qui fait la loi depuis deux siècles, on fait des lois 22 (...) Leur monde s'écroule (...) et un autre prend la relève" (*Ibid.*, pp. 15-16). "George Springate is the only hope of English Quebecers (...) Where to go? (...) The cold answer at the moment is: nowhere" (*The Montreal Star*, *Weekend Magazine*, vol. 25 no 48, du 29 novembre 1975, p. 7). Robert Bourassa affirmait en d'autres mots: "Pour les anglophones, il n'y a que le Parti libéral" (*le Jour* du lundi 8 septembre 1975). "M. Lalonde a dit comprendre la réaction des anglophones, en soulignant que c'est la première fois qu'un peuple anglophone est traité en minorité depuis que les Anglo-saxons ont conquis l'Angleterre" (*la Presse* du samedi 6 septembre 1975, p. A9).

Il est passé le temps où la P.S.B.G.M. dans son arrogance, réclamait tous les droits sans vouloir donner aucune explication: c'était à l'été 1974. La loi 22 a été adoptée, et dès le mois de novembre de la même année, les protestants demandaient au premier ministre du Canada de condamner la loi; le premier ministre a refusé de référer le cas de la loi 22 à la Cour suprême, ajoutant que l'article 93 de la constitution "n'a pas la signification que l'on semble lui prêter" (*le Jour* du mardi 22 juillet 1975, p. 1). Les anglophones du Québec sont inquiets, eux qui sont unilingues à 75% , eux qui sont "Canadians" ou "Montrealers" mais jamais Québécois.

Avez-vous déjà comparé le cahier *Arts et lettres* de *la Presse* à celui du *Montreal Star*? L'expérience a été faite pour le samedi 19 juillet 1975. Dans *la Presse*, la chronique littéraire de Réginald Martel est consacrée à trois romans québécois; page quatre, chronique de théâtre de Dassylva sur une pièce québécoise; page cinq, article sur le *collegium aureum* par Claude Gingras; page six, place à la littérature française; en page sept, un article sur un film d'Arthur Penn (version anglaise) et un autre sur *Une passion* de Bergman, "enfin en français" dit le titre; page 16, revue de trois ouvrages français dans la chronique "arts plastiques" et en plus beaucoup de publicité: théâtres d'été, concerts, spectacles et cinémas, environ 30 cinémas francophones et 25 cinémas anglophones, et plein de publicité pour les restaurants de Montréal. Prenons le *Montreal Star:* page un, un article amusant sur les proverbes; page trois, chronique littéraire consacrée à un ouvrage américain et à trois ouvrages canadiens dont deux traitant de problèmes "canadiens": les années '20 dans les prairies et la radio canadienne d'outre-mer durant la seconde guerre mondiale; page cinq, chronique musicale consacrée à Bellini; à la page "art", un article sur un essai québécois et un autre sur une exposition à la galerie nationale; page huit, chronique de théâtre consacrée aux théâtres de Cape Cod; dans la chronique "film", trois articles consacrés au cinéma américain; et beaucoup de publicité: concerts, spectacles et disques *exclusivement* anglophones, 10 galeries anglophones et deux francophones et beaucoup de cinémas: environ 35 spectacles, tous en anglais. Sont-ce les deux solitudes? On pourrait le croire: un journal francophone fortement intéressé à la production québécoise, ouvrant ses pages à la publicité de spectacles en anglais et en français; et un journal anglophone, intéressé à l'Amérique et au Canada et qui ne présente de Montréal que son visage anglophone.

On peut alors comprendre la violence de la prise de conscience des anglophones québécois et leur étonnement de découvrir qu'un autre gouvernement que celui du Canada peut légiférer de façon à limiter leurs appétits. Et de brandir l'article 133 de la constitution dont leurs concitoyens des autres provinces avaient fait fi. Il faut comprendre leur drame: il n'y a plus de Parti conservateur, l'Union nationale est moribonde, le Parti québécois veut les anéantir (du moins le croient-ils) et le Parti libéral vote la loi 22, "souple" leur dit François Cloutier, "ambiguë" disent avec raison les anglophones. Supposons un seul instant Daniel Johnson, Paul Gérin-Lajoie ou René Lévesque chargés d'appliquer cette loi!

Il faut d'ailleurs se méfier de ces Frenchies: Jérôme Choquette n'a-t-il pas déclaré qu'il ne croyait pas au libre choix de la langue d'enseignement? (1) Le ministre l'Allier ne s'est-il pas jusqu'à la dernière minute opposé à son adoption? Et quelle confiance peut-on avoir dans le French Power fédéral quand un Gérard Pelletier déclare qu'il faut franciser le Québec et qu'un Pierre Elliott Trudeau prétend imposer le bilinguisme au Canada? On semblait convaincu qu'il s'agissait là d'un de ces "slogans électoraux" fort utiles pour calmer le Québec. Nos amis anglophones sont traqués: la loi 22 ne les protège pas mais protège seulement le gouvernement en place qui peut changer ses règlements à sa guise. Ils commencent à se voir appliquer ce qu'ils avaient si habilement su appliquer à bien des peuples, à savoir ce "principe ambigu et dévié de la démocratie qui consiste pour la majorité à se donner tous les pouvoirs qu'elle croit devoir prendre" (le juge Robert Cliche, dans *Maintenant*, le samedi

(1) Parole de politicien!

21 juin 1975, p. 13). A moins qu'ils ne réaffirment le principe du député Church lors du débat sur les chèques de banque bilingues en juin 1936: "Il n'y a pas de minorité qui soit supérieure à la majorité quand la majorité est la population du pays en général." L'état minoritaire dans lequel les anglophones viennent de se découvrir leur fait percevoir la situation comme étant une catastrophe: "la loi 22 provoque l'exode de nombreux cadres anglophones" selon le quotidien *the Gazette*.

Bien sûr, peu habitués à la dépendance, ils commettent quelques bévues telles le radiothon de l'ex-botteur Spingate à CFCF; gaffe aussi le refus des principaux anglophones d'appliquer la loi 22: ce n'est pas très "fair-play"; gaffe, le boycottage des tests par les anglophones qui deviennent les grands absents de la loi 22; gaffe aussi, cet ordre de l'Association canadienne des pilotes de lignes de multiplier les incidents en guise de protestation contre l'usage du français dans les communications aériennes (1). Ce sont eux les assiégés, enfin!

Si on le veut bien...

Il y a donc eu un progrès certain et il suffirait de bien peu pour créer un dynamisme positif qui fe-

(1) *On a vu récemment leur vrai visage dans les négociations entre la Calpa et la Calca d'une part et Otto Lang de l'autre.*

rait pencher une fois pour toutes la balance en notre faveur. A-t-on souligné que 1975 a marqué la première grande St-Jean-Baptiste sans violence depuis plusieurs années? Un million et demi de Québécois ont pris possession de leur montagne avec assurance et sans cris; c'est un signe de force et de maturité et surtout de conscience majoritaire. On peut croire que l'école trouvera peu à peu un milieu socio-politique favorable à la solution du drame de l'enseignement du français au Québec. Ce drame marque la fin d'une époque et le "début d'un temps nouveau". Et cette époque qui s'achève nous trouve essoufflés: mais être essoufflé ce n'est pas avoir perdu le souffle; c'est avoir de la misère à le retrouver, tout simplement. Quand on considère tout ce qui s'est fait au Québec en quinze ans, quand on tient compte du fait que le Québec a encaissé, sans trop de heurts tout compte fait, le choc du boom démographique des années 1945 à 1960, le choc d'une évolution qui nous a fait passer en 15 ans d'une civilisation pré-industrielle de nature traditionnelle à une civilisation post-industrielle, le choc enfin de la crise occidentale de la civilisation, plus particulièrement de la civilisation nord-américaine, il faut admettre que nous ne nous en sommes pas trop mal tirés et que l'avenir s'annonce assez bien pour peu que nous le voulions.

Jamais de victoire définitive; jamais de dernière défaite non plus. C'est l'histoire du Québec depuis 1760. Des combats d'avant-garde ou d'arrière-garde, des miettes de liberté collective perdues ou gagnées; jusqu'en 1960 devant un maître étranger, l'Angleterre ou le Canada, depuis ce temps devant les maîtres que nous nous sommes donnés. Avant 1960, il s'agissait de survivre et de résister; maintenant, il faut s'organiser, rassembler nos énergies. Nous avons été des majoritaires impuissants de 1760 à 1840; des minoritaires impuissants de 1840 à 1940; depuis les poussées nationalistes des années 1930, nous sommes redevenus majoritaires... à l'essai. Saurons-nous apprendre que le pouvoir démocratique est la loi du plus grand nombre? Et que notre seule valeur distinctive, lieu de résistances séculaires, source des rêves passés et instrument premier des réalités à organiser, reste encore notre francophonie?

Les dangers de l'école francophone

Un bilingue d'origine italienne s'interroge

1. Est-ce qu'on veut faire de nos enfants des illettrés?

2. Est-ce qu'on veut leur inculquer la haine contre les Anglais?

3. Est-ce qu'on veut faire d'eux des castrés psychologiques et des colonisés?

4. Est-ce que les enseignants des petits Italiens qui devront s'inscrire à l'école française ont reçu une préparation pédagogique appropriée et particulière?

5. Est-ce que les préjugés (sur) les Italiens (...) seront transmis dans les salles de classe aussi?

Inspiré d'un article paru dans *le Devoir* du 8 septembre 1975.

N.B.:   Nous suggérons que le ministère de l'Education réponde "NON" aux questions 1, 2, 3 et 5 et "OUI" à la question 4.

Miscellanées alphabétiques

Assimilation

Les peuples bilingues sont presque toujours des peuples inférieurs.

Rémy de Gourmont

Lorsqu'un peuple change de langue, ceux de ces citoyens qui les premiers accomplissent cette transformation sont semblables à des hommes qui retombent dans l'enfance.

Fichte

Autodétermination

Le Canada a récemment signé à Helsinki un accord consacrant le droit des peuples à s'autodéterminer. Il ne faut pas croire toutefois que ce principe donne au Québec le droit à l'indépendance. En fait le principe signifie que "les Etats (...) ont le devoir de respecter ce principe pour les peuples de décider de leur avenir à tout moment conformément au but et au principe de la Charte de l'ONU et aux normes du droit international, y compris celles qui ont trait à l'intégrité territoriale des Etats" (*la Presse* du samedi 15 novembre 1975, p. E18).

Comprenne qui peut!

Bilingue

Du bilingue intégral on dira comme on dit de Réal Giguère qu'il est "parfait". Un spécialiste de la question, Lewis Balkan, a défini celui que nous appelons le "parfait bilingue": on dira qu'il est tel s'il "se trouve que deux langues maternelles, à la suite d'une mise en place continue pendant les années de formation, (sont) devenues des instruments qui traduisent la pensée et expriment les intentions et les états émotifs, aussi fidèlement l'une que l'autre. De plus, quand on le compare à des unilingues (...) de même situation sociale et de même niveau d'instruction, avec même pensée et mêmes intentions, le bilingue ne se trouve pas gêné du fait de cette dualité de moyens".

Connaissez-vous beaucoup de parfaits bilingues?

Capitaux (le vol des)

"Les capitaux n'ont pas de langue maternel-le"; ils ne parlent que la langue des affaires et sont très sensibles aux vents d'est et du nord, appelés "unilinguisme" et "indépendance"; la moindre brise les déporte vers Toronto ou New York. Les capitaux voyagent conforta-blement installés dans des "sièges sociaux"; leur départ laisse une trace caractéristique ap-pelée "ghetto" ou "desserte". Les capitaux volent en groupes serrés; chacun est muni de postes de commandes nombreux, dont seuls les anglophones connaissent le maniement.

Enseignement

"Tout se tient dans la vie des peuples comme dans celle des individus, en particulier l'esprit c'est-à-dire l'instruction, la langue et la culture, et la matière c'est-à-dire le temps et l'argent."

François Lessard, courtier, août 1971.

"Je suis depuis toujours convaincu que c'est dans l'enseignement qu'il faut rechercher la solution du problème des langues et de celui des rapports entre les deux grands groupes linguistiques."

Arnold Hart, président de la Banque de Montréal, janvier 1971.

Hospitalité

L'hospitalité est la première vertu des Québécois et le "fair play" la première des Britanniques.

Pourquoi s'étonner de la situation actuelle?

Incitation

L'incitation est le contraire de la coercition. En définissant ce nouveau concept de droit, le gouvernement est amené à innover dans le domaine législatif par l'adoption de lois à caractère incitatif. Combien de gestes ne seraient pas posés si la loi ne les rendait obligatoires! Incitative, une loi fait appel au libre choix et récompense ainsi le citoyen vertueux et libre par la conscience du devoir bien accompli. Ainsi dans le domaine du français, langue de travail, "les mesures législatives ou coercitives seraient extrêmement difficiles de conception et d'application particulièrement pour toutes les sociétés le moindrement élaborées; (et d'ailleurs) l'adoption du français comme langue de travail est déjà une chose acquise dans l'esprit des chefs d'entreprise, à quelques exceptions près" (La Chambre de commerce, septembre 1970). "Il serait néfaste de vouloir forcer les entreprises à agir contre leur gré par la loi ou par d'autres moyens" (Le président Hart de la Banque de Montréal, janvier 1971).

Synonymes

Assouplissement approprié, possibilité quand les circonstances s'y prêtent, le cas échéant, possibilité, encouragement, etc.

Langue seconde (apprentissage de la)

Une enquête menée par les Anglais d'Angleterre auprès de 18,000 élèves pendant 10 ans démontre qu'il est inutile et même parfois néfaste de faire commencer l'apprentissage d'une langue seconde à l'école avant l'âge de 12 ans.

Quel que soit l'âge, l'apprentissage d'une langue seconde est fonction du temps que l'on consacre à l'apprentissage de cette langue, c'est-à-dire nécessite de 900 à 1,200 heures.

Lieux communs anglo-saxons

a) les Canadiens français ne savent pas parler leur langue!

b) pauvres Canadiens français obligés de rester chez eux parce qu'ils ne sauront pas l'anglais!

c) le monde va vers les grands regroupements; pourquoi diviser le Canada?

d) le Canada devient bilingue; pourquoi le Québec deviendrait-il unilingue?

e) le français, oui, mais coast to coast;

f) les écoles françaises ne valent rien;

g) le Canadien français ne pense qu'à manger et à faire l'amour (N.B.: les Français pensent la même chose des Nord-Africains, les Américains blancs, des noirs, etc.);

h) les Québécois ont été défaits en 1760, qu'ils se taisent.

Mythes

Les mythes dont on parle ici sont des faussetés ou des demi-vérités. Ces mythes ne s'appliquent qu'au Québec.

Quelques exemples:

a) le bilinguisme est un enrichissement culturel;

b) l'unilinguisme relève du racisme;

c) l'anglais est la langue internationale;

d) le français est la langue de la poésie;

e) le Québécois n'a pas le sens des affaires;

f) ce n'est pas la langue mais la compétence qui permet aux cadres d'accéder à des postes supérieurs.

Objectivité

L'objectivité est la capacité de pouvoir écraser son adversaire en mettant ses propres sentiments entre parenthèses.

Exemple 1:

L'opposition de M. Myers, président de la Chambre de commerce en 1970, à l'adoption d'une loi sur le français langue du travail ne tient pas au fait qu'il est anglophone.

Exemple 2:

Les contrôleurs et pilotes anglophones ne veulent pas que le français deviennent langue d'usage mais uniquement pour des raisons de sécurité.

Exemple 3:

Les anglophones de Montréal ont défendu les petits Italiens de Jérôme-Le Royer uniquement au nom de la liberté de choix qu'il faut préserver.

Pays bilingue

Les peuples bilingues n'ont jamais existé; l'apparent bilinguisme de certains peuples représente l'état transitoire entre deux unilinguismes. Le bilinguisme d'Etat est possible; celui d'une population ne l'est pas.

Sécurité

La sécurité est une vertu inhérente à la langue anglaise. "Primo vivere"! Le désir des Québécois de travailler en français est légitime et même raisonnable: "Il n'est que logique de transmettre les renseignements nécessaires à la bonne marche des opérations dans la langue la mieux comprise du plus grand nombre (mais) on reçoit chaque jour en anglais des masses de renseignements techniques, (...) dont une bonne part touche les normes de sécurité des véhicules" (General Motors, octobre 1970). C'est le pouvoir de l'homme d'affaires anglophone de mettre en garde la population contre les dangers de l'usage abusif du français; le danger croît avec l'usage: éviter d'en parler!

Social-démocratie

Etiquette portée par quelques partis nazis des années '30, par quelques gouvernements d'Europe du Nord, revendiquée aujourd'hui par Robert Bourassa et le Parti québécois. Les extrêmes s'attirent, les extrêmes s'attisent, les extrêmes sottises, "I am a social democrat. It's because, ah, I'm profoundly anti-bourgeois", Bourassa said (*the Montreal Star*, Weekend Magazine, vol. 25, no 40, 4 octobre 1975, p. 2). Voilà une bonne raison!

Souveraineté culturelle

1. "C'est la maîtrise et la responsabilité ultimes en tout ce qui touche l'épanouissement et l'évolution de notre identité collective" (Définition que M. Fernand Lalonde n'a jamais vue mais qui était publiée entre autres dans *le Devoir* au début d'août 1975).

2. "Elle réfère à la nécessité d'une responsabilité ultime des décisions majeures touchant l'affirmation de notre identité collective" (Définition rédigée par le ministre de sa propre main sans qu'il connaisse la précédente et rendue publique le 15 août 1975).

Travail

"Nous avons pris pour acquis jusqu'ici que la seule maîtrise de la langue anglaise ouvrait la voie du succès et de la réussite, reléguant ainsi la langue française au rang d'une langue seconde, simple véhicule de culture ou de folklore. Ce temps est fini."

Robert Bourassa, le 29 juin 1970.

Parole de social-démocrate!

Unilinguisme français

"La solution politique la moins radicale qui puisse avoir quelque efficacité consisterait à imposer l'unilinguisme français au Québec."

André Langevin

II

CE QU'UN PASSE PEUT FAIRE

Après avoir goulûment piétiné les plates-bandes encore chaudes de l'actualité, après avoir, avec un discernement qui nous honore, généreusement distribué les coups de jarnac et les jambettes à ceux qui méritaient notre (noble) courroux, après avoir bien expliqué au présent comment il devrait se comporter à l'avenir, voilà qu'il nous faut ranger notre attirail de méchancetés afin de ne pas nous attirer le (encore plus noble) courroux de cette grande susceptible qu'est l'Histoire.

Le problème, quand on veut parler du passé, surtout d'un passé un peu vieux, c'est qu'il faut demander la permission à l'Histoire, vieille personne bien sympathique mais qui n'apprécie pas beaucoup que n'importe quel hurluberlu vienne parler du passé.

Qu'à cela ne tienne, allons-y de notre style

"science humaine" ou "intellectuel Digest", sau-
poudré quand même d'un peu d'émotion littéraire (cette subjectivité légalisée). Fasse le ciel que
nos historiens ne sentent pas trop le sable crisser
dans leurs dents creuses.

Que le rideau s'ouvre! L'Hybride abattu rides
again, fou braque sous son loup de respectabilité
et de fair-play.

LE TEMPS DES FRANCAIS

*"Quand on a renoncé aux libertés fondamentales,
on renonce facilement à la syntaxe."*

les Insolences du frère Untel, p. 26

Si la langue a toujours constitué pour les groupes
sociaux un élément primordial de leur évolution et
un signe certain d'un minimum de cohésion sinon
de sentiment d'appartenance à une collectivité, cela
est particulièrement vrai pour les 10,000 colons
français qui viennent s'installer le long des rives du
Saint-Laurent aux XVIIe et XVIIIe siècles.

A travers les sévices culturels que sont quotidiennement pour nous l'anglicisation tant des immigrants que des francophones, le poids de l'atrophie
économique traditionnelle des Canadiens français,
la menace d'érosion continuelle du pouvoir politi-

que, il est bon de voir comment la langue est devenue graduellement la pierre angulaire de notre existence américaine et comment s'est comportée l'institution scolaire devenue le principal instrument de la continuité linguistique des sociétés industrielles actuelles.

L'assimilation nous a toujours été présentée comme un mal absolu... même si des millions de descendants de Canayens sont là pour témoigner — en anglais surtout — de certaines initiatives personnelles. Qui n'a pas sa collection de cousins des Etats?

Pourtant il serait bon de se rappeler que la première expérience collective de nos ancêtres en a été une d'assimilation linguistique. Règle générale, les colons de France arrivés aux XVIIe et XVIIIe siècles ne parlaient guère le français. Normands, Poitevins, Bretons, Percherons, Champenois, Angevins, Picards, Saintongeais et Artésiens s'étaient jusque-là très bien satisfaits de la langue dialectale propre à leur province. Mais voilà qu'un bon quart de l'immigration provient de la région de Paris, centre politique, administratif, militaire et culturel d'une France en voie d'unification et de centralisation. Ces immigrants parlent le français et occupent immédiatement la plupart des postes clefs de la colonie, du commerce des fourrures à l'administration royale; à ceux-là se joignent près de mille "filles du roi", élevées à Paris, et qui auront un rôle déterminant dans la francisation rapide des premiers immigrants.

De plus, si l'on fait exception d'un petit groupe de pionniers du Perche et du Maine qui s'installeront ensemble dans la région de Beauport, les nouveaux colons débarqueront au gré des exigences économiques et, dispersés, ils ne pourront pas conserver facilement leurs particularités dialectales. Sans cohésion culturelle, désirant d'abord et avant tout tirer le meilleur parti possible de leur nouvelle situation, déjà suffisamment isolés et déracinés, ces quelques centaines d'hommes et de femmes en arriveront rapidement, et semble-t-il sans trop de contrariétés, à une unité linguistique qui au XVIIIe siècle étonnera militaires, missionnaires et touristes.

Si la qualité de l'expression orale en Nouvelle-France a pu faire l'objet de commentaires élogieux, il faut quand même se rappeler que le code, tant pour l'écrit que pour l'oral, n'était pas au temps de Louis XIV aussi délimité qu'il l'est aujourd'hui. Le mouvement du classicisme autour de Malherbe et Vaugelas tentait d'épurer la langue de manière à en préciser l'orthographe, les différents sens, la syntaxe et la morphologie, entreprise menée avec les moyens du temps et répondant aux visées centralisatrices des rois depuis les beaux jours du cardinal de Richelieu, premier ministre de Louis XIII. Bien que l'encadrement administratif de la colonie ne fût jamais bien loin de l'esprit de Paris et de la cour du roi, celui de Rabelais ne devait pas être très étranger à tous les hommes de métiers, soldats et agriculteurs qui peuplaient les rives du Saint-Laurent.

Les glossaires du parler français au Canada ont d'ailleurs éloquemment témoigné de ces survivances de termes, tournures et expressions propres à l'une ou l'autre des provinces d'origine de nos ancêtres.

L'école, un luxe qu'on s'est permis

Une question que l'on s'est jusqu'ici très peu posée, probablement parce que les réponses supposeraient une documentation plus facilement accessible, c'est de savoir quel a été le rôle de l'école dans l'apprentissage de la langue française et dans la quasi-disparition d'un vocabulaire dialectal. Tous les pays dont le pouvoir politique a opté pour le *melting pot* ont vu l'école servir d'instrument de persuasion. Rappelons-nous la France au XIXe siècle, les Franco-Américains et les Franco-Ontariens au début du siècle et les Acadiens actuellement.

Les historiens du régime français ne semblent pas avoir relevé dans les textes officiels, chez les chroniqueurs du temps, dans le clergé, les traces d'une attitude officielle visant à utiliser l'école comme moyen d'uniformisation linguistique. Au contraire, nous avons lieu de croire que les colons aspiraient à connaître le plus tôt possible une langue de toute façon pas très différente de la leur puisque 80% d'entre eux provenaient de régions qui, comme le français, étaient de langue d'oïl. Les premiers enfants canadiens eurent donc des écoles dont la langue d'enseignement était le français, et on n'en faisait pas un drame à l'époque.

Divers

"J'avais peine à comprendre ce que me disait un jour un grand homme d'esprit sur le point de mon départ pour le Canada, où il avait fait séjour et rétabli les missions des Récollets...; il nous assurait que nous y trouverions même un langage plus poli (que dans d'autres provinces de France), une énonciation nette et pure, une prononciation sans accent."

Le Clercq (le père Chrestien), *Premier établissement de la Foy dans la Nouvelle France*, Paris, Amable Auroy, 1691, 2 vo. in-16, 559 et 458 pages.

"On peut envoyer un opéra au Canada, et il sera chanté à Québec, note pour note, sur le même ton qu'à Paris. Mais on ne saurait envoyer une phrase de conversation à Montpel-

lier ou à Bordeaux, et faire qu'elle y soit prononcée, syllabe pour syllabe, comme à la
Cour.''

Thoullier d'Olivet (abbé Joseph), *Traité de la Pro-
sodie françoise*, 1ère éd. 1736; dernière édition donnée par l'auteur dans ses *Remarques sur la langue
françoise*; 1767.

''... Nulle part ailleurs on ne parle plus pu-
rement notre langue. On ne remarque même
ici aucun accent.''

Charlevoix (le père Pierre-François-Xavier de),
*Histoire et description générale de la Nouvelle-France
avec le Journal historique d'un Voyage fait par ordre
du Roi dans l'Amérique Septentrionale*, Paris (Giffart),
1744, vol. in-quarto, 664, 582 et 543 pages.

''Les dames canadiennes, celles de Montréal
surtout, sont très portées à rire des fautes de
langage des étrangers; mais elles sont excusa-
bles jusqu'à un certain point, parce qu'on est
enclin à rire de ce qui paraît inusité et cocasse,
et au Canada on n'entend presque jamais parler le français que par des Français, les étrangers n'y venant que rarement... Il suit de là

que les belles dames du Canada ne peuvent entendre aucun barbarisme ou expression inusitée sans rire."

Voyage de Kalm en Amérique, dans les *Mémoires de la Société historique de Montréal*, Berthiaume, 1880.

"On parle ici parfaitement bien sans mauvais accent. Quoiqu'il y ait un mélange de presque toutes les Provinces de France, on ne saurait distinguer le parler d'aucune dans les Canadiennes..."

De Bacqueville de la Potherie, *Histoire de l'Amérique septentrionale... depuis 1535 jusqu'à 1701*, Paris, Nyon fils, 1753, 4 vol. in-12.

"J'ai remarqué que les paysans canadiens parlent très bien le français, et comme sans doute ils sont plus accoutumés à aller par eau que par terre, ils emploient volontiers les expressions prises de la marine."

Montcalm (le marquis de), *Journal du Marquis de Montcalm*, dans la collection des manuscrits du chevalier de Lévis. Québec, L.-J. Demers & Frères, 1895, petit in-4, 627 pages.

"It is remarked of the Canadians that their conversation is enlivened by an air of freedom, which is natural and peculiar to them; and that they speak the French in the greatest purity, and without the least false accent."

Jefferys (Thomas), *the Natural and Civil History of the French Dominons in North and South America, etc.* Collected... and engraved by T. Jefferys, geographer to his Royal Highness the Prince of Wales, Londres (Printed for Thomas Jefferys at Charing-Cross), 1761, in-f°, en 2 parties, 168 et 246 pages.

Les petites écoles

Parler de la "petite école", c'est se rappeler un système scolaire qui gravitait autour de la *maîtresse*, dont les normes administratives s'exprimaient en boîtes de craies, encriers, manuels effilochés, où les pieds bleus tenaient lieu d'autobus jaunes et où le gouvernement scolaire ressemblait à ces vieux bonshommes empesés qui remettaient les prix de fin d'année. Aujourd'hui, après des milliards de dollars de dépenses, les parents envoient toujours leurs enfants à la "petite école" avec cette confiance que l'on conserve aux choses imparfaites mais bien connues. La véritable inquiétude viendra plus tard...

Bien sûr chacun sait que l'école primaire, l'école élémentaire, c'est aussi la petite école, mais la tradition populaire a préféré la formulation de ces Messieurs de Port-Royal. Heureusement, notre réforme scolaire des dernières années a réussi, même dans son vocabulaire, à rapprocher la population de l'école grâce à des termes évocateurs et accessibles comme la polyvalente et le cégep.

Compte tenu des distances, de la difficulté des communications, de l'état peu organisé de la colonie, du genre d'activités qui y étaient pratiquées — pour un voyageur ou un coureur de bois, le cours classique n'était pas classé comme prérequis —, et de l'importance qu'avait l'instruction scolaire au XVIIe siècle français, les quelque quarante-sept petites écoles qui ont accueilli des enfants à un moment ou un autre du régime français témoignent assez clairement d'un intérêt pour l'instruction au moins égal à celui que l'on retrouvait en France à la même époque.

Il ne fait aucun doute, toutefois, que la plus importante institution scolaire a été le collège de Québec que les Jésuites mettaient sur pied dès 1635; et il ne devait pas y avoir beaucoup d'enfants parmi ces trois ou quatre cents pionniers de la première heure, une dizaine peut-être! 25 ans plus tard il s'y donnera un véritable enseignement de niveau secondaire, ou classique, ce que les Jésuites appelaient les *études de Lettres*.

Organisé à partir du guide universel pour les collèges de la Compagnie de Jésus, le *Ratio studiorum*, en vigueur depuis 1603, le cours comprenait trois années de grammaire, une pour les humanités et une pour la rhétorique... tout en latin! à moins que l'effort de francisation outre-atlantique ait pu avoir des échos dans la colonie.

Dans ces années de régime français, on n'essayait pas encore de se forger une littérature, on se contentait de jouer au collège de Québec *Héraclius* de Corneille en 1651, le *Cid* en 1652, *Nicomède* en 1694 et *Mithridate* de Racine la même année.

Mais dès le tournant du siècle les canons tonnèrent de plus en plus régulièrement dans la vallée du Saint-Laurent, et derrière l'enthousiasme des grands espoirs de nouvelle civilisation apparut la lente grisaille d'un siècle de soumission et de redéfinition profonde. Le flambeau missionnaire et conquérant des grands espaces infinis de Terre-Neuve aux plaines de l'ouest, de la terre de Baffin à la Louisiane en passant par la baie d'Hudson, les Grands Lacs, le pays des Illinois et le Mississipi, se retrécira un peu plus année après année comme une peau de chagrin. Dans le pays incertain, l'école vivra de sursis.

LE TEMPS DES CANADIENS

Quand le verrou glisse

La bataille des plaines d'Abraham et la capitulation de Québec, celle de Montréal, le traité de Paris en 1763, vont bouleverser la vie collective des colons installés le long des rives du Saint-Laurent.

Si la paix officielle fut acceptée avec soulagement dans la mesure où elle mettait un terme à une guerre exténuante, l'arrivée de l'occupant britannique et son installation dans les postes clefs de la colonie précipitèrent les habitants dans une torpeur qui dura bien deux générations.

Après l'exode de tous les militaires, nobles, bourgeois et ecclésiastiques peu intéressés à poursuivre leurs activités dans les nouvelles conditions qu'ils imaginaient, tous ceux qui restèrent se virent dans l'obligation de devenir ceux qu'Auguste Viatte appelle les primitifs canadiens. Dépouillé de tout pouvoir politique et militaire, castré de tout en encadrement social traditionnel, il ne restait plus pour l'homme d'alors que la terre, sa famille et du temps. Du temps pour entreprendre cette longue gestation qui l'obligera à reconstruire tout un tissu complexe de relations et qui permettra, bien plus tard, l'élaboration d'un projet collectif.

La première découverte fut celle du nombre. Groupe traditionnellement très lâche, bourré d'individualistes aux horizons illimités et aux ambitions très extensibles, il lui fallut faire un choix entre la vie sédentaire du paysan et celle, nomade, du coureur de bois, du voyageur. La prise de contrôle du commerce par les Britanniques, celui de la fourrure surtout, encouragea fortement le développement de l'agriculture chez nous. Le maître, si magnanime soit-il, ne laisse toujours au domestique

que ce qui ne l'intéresse pas, de toute façon. Jusque-là les Louis Hébert n'avaient pas la réputation des Louis Jolliet et Pierre Radisson. Rien ne laissait vraiment présager que les Français d'Amérique du Nord devraient se consacrer à la culture du sol pour subsister. Au contraire, les Britanniques des treize colonies de la Nouvelle-Angleterre s'annonçaient davantage comme des sédentaires, confinés qu'ils étaient entre l'océan Atlantique et les Appalaches. Avant d'être porteur d'eau et scieur de bois, le Québécois a été paysan pour les mêmes raisons: celles du colonisateur.

Candide et l'Amérique

Chapitre XXIII

Candide et Martin vont sur les côtes d'Angleterre; ce qu'ils y voient.

"Ah, Pangloss! Pangloss! Ah, Martin! Martin! Ah, ma chère Cunégonde! qu'est-ce que ce monde-ci? disait Candide sur le vaisseau hollandais. — Quelque chose de bien fou et de bien abominable, répondait Martin. — Vous connaissez l'Angleterre; y est-on aussi fou qu'en France? — C'est une autre espèce de folie, dit Martin. Vous savez que ces deux nations sont en guerre pour quelques arpents de neige vers le Canada, et qu'elles dépensent pour cette belle guerre beaucoup plus que tout le Canada ne vaut. De vous dire précisément s'il y a plus de gens à lier dans un pays que dans un autre, c'est ce que mes faibles lumières ne me permettent pas. Je sais seulement qu'en général les gens que nous allons voir sont fort atrabilaires."

Conclusion

(...) Pangloss disait quelquefois à Candide: "Tous les événements sont enchaînés dans le meilleur des mondes possibles; car enfin, si vous n'aviez pas été chassé d'un beau château à grands coups de pied dans le derrière pour l'amour de Mlle Cunégonde, si vous n'aviez pas été mis à l'inquisition, si vous n'aviez pas couru l'Amérique à pied, si vous n'aviez pas donné un bon coup d'épée au baron, si vous n'aviez pas perdu tous vos moutons du bon pays d'Eldorado, vous ne mangeriez pas ici des cédrats confits et des pistaches. — Cela est bien dit, répondit Candide, mais il faut cultiver notre jardin."

Voltaire, *Candide ou l'optimisme*, écrit en 1750, publié en 1755.

La surface restreinte de sol agraire eut pour effet de regrouper physiquement et socialement ceux qui immédiatement se qualifièrent de Canadiens, commençant à bâtir entre eux un réseau d'appartenance culturelle si complet qu'il n'a guère d'égal dans nos sociétés occidentales: une immense tribu de 5,000,000 de cousins et de belles-soeurs, chez qui il est pratiquement impossible de faire connaissance sans se trouver bientôt quelque parenté ou relation amicale.

Cette parenté nationale provient aussi du fait que pendant cent ans, les 65,000 Canadiens devront compter uniquement sur leurs moyens pour passer à 650,000 en 1840. Ce qui dénote effectivement d'assez bons moyens. L'Angleterre, forcée de reconnaître la supériorité numérique des Canadiens, avait décidé d'isoler ce petit peuple de toute possibilité d'enrichissement culturel en lui fermant la porte de l'immigration francophone... après avoir donné un délai de trois ans à tous ceux qui avaient voulu partir.

La vallée du Saint-Laurent est traitée en chasse-gardée. Emigré en Angleterre après la révolution française, un grand seigneur comme le duc de la Rochefoucauld-Liancourt se verra refuser, en 1795, l'autorisation de la visiter. Encore mieux, le comte de Puisaye est installé, avec sa colonie d'ultra-loyalistes français, non pas à Québec, non pas à Montréal, mais à Toronto.

En fait, l'Angleterre prévoyait une immigration

massive de ses sujets anglophones de façon à noyer démocratiquement les "french colonists" dont parlent les écrits du temps. Les succès furent assez minces. Les quelques centaines de soldats et de civils britanniques qui s'établirent dans les villes de Québec, Trois-Rivières et Montréal afin de tâter le commerce, s'y installèrent en maîtres, reléguant les francophones urbains à des rôles de second ordre. Par ailleurs, dans les années 1775-1785, 10,000 loyalistes et soldats déserteurs de l'armée américaine bivouaquent dans les terres "disponibles" situées entre le Richelieu et la Chaudière, les "Eastern Townships".

Ces terres en "bois debout", situées entre la frontière américaine et les seigneuries datant du régime français, furent attribuées par le gouverneur à des amis britanniques qui se constituèrent en honnêtes sociétés spéculatives, telle la British American's Land Company. Ces terres furent vendues aux immigrants anglophones, obligeant les Canadiens à émigrer outre 45° faute d'espace disponible en ex-Nouvelle-France.

L'émigration loyaliste américaine dans les territoires actuels de l'Ontario et des provinces maritimes eut comme résultat d'opérer un mouvement de pince, enfermant rapidement les Canadiens dans un espace nouveau, restreint et dont ils ne pourraient plus collectivement s'échapper si ce n'est vers les espaces froids du nord. Toute autre initiative se devrait d'être individuelle et comporter comme con-

Une langue vibrante

Dès 1765, un anglophone, Patrick McClement, veut ouvrir une classe... au collège des Jésuites à Québec. Il fait donc paraître un entrefilet dans la *Gazette de Québec* du 5 septembre.

"Ceci est pour avertir les habitants français de la ville de Québec, que Patrick McClement enseignera aux enfants français à lire à écrire et à parler la langue anglaise à un prix fort raisonnable; ceux qui voudront bien lui envoyer leurs enfants, peuvent s'assurer qu'ils seront instruits avec soin. Et comme toutes les affaires publiques de cette province se font à présent, et se feront à l'avenir en langue anglaise, il espère que les citoyens ne négligeront pas cette occasion de faire instruire leurs enfants dans la langue vibrante dont la connaissance ne peut manquer de leur être utile dans la suite de leurs jours.

Il enseigne aussi l'arithmétique dans toutes ses différentes parties ainsi que l'art de tenir les livres suivant la méthode du Sieur Blais, la géométrie, mesurage et arpentage.

Il loge chez M. Gray et on pourra le trouver à son école.''

séquence inéluctable l'assimilation plus ou moins lente à un groupe majoritaire et anglo-saxon.

Culbutés dans un territoire trop petit, "repliés", disent les historiens, les Canadiens se verront peu à peu devenir un groupe social en opposition constante avec une force plus grande qui, dans un mouvement d'étau, l'enferme chaque jour un peu plus. Des plans pour devenir xénophobe!

L'Anglais est surtout installé dans les villes où il contrôle déjà la vie politique et économique en vertu du droit du conquérant. C'est par ce double biais qu'il pourra commencer à faire sentir sa présence dans la vie quotidienne du Canadien. Montréal, Québec, Trois-Rivières seront les premiers théâtres de ce que Durham appellera en 1840 le choc de deux races.

L'école inutile

Etroitement liée à la vie quotidienne de la société, l'école ressentira aussi cruellement les bouleversements politiques et militaires des débuts du régime anglais. Le système scolaire pourtant assez rudimentaire subira une série de coups décisifs: plusieurs institutions scolaires seront détruites par l'armée de Wolfe à Québec et dans les villages des alentours; le collège de Québec fermera ses portes en 1768 faute de professeurs, les Récollets et les Jésuites disparaîtront avec la fin du siècle; le recrutement d'ecclésiastiques français se heurtera à un refus systématique des Britanniques, du moins jusqu'à la révolution française. Durant les trente années qui suivront la cession du Canada à l'Angleterre, trois ou quatre douzaines de petites écoles tenteront d'assurer un minimum d'instruction dans les villes et dans les plus gros villages. Vainement d'ailleurs. Sans professeur, sans argent et surtout sans motivation pour une institution au service d'une promotion sociale impossible, les Canadiens n'auront aucun intérêt à investir leurs énergies dans une institution avant d'avoir défini au moins un début de projet collectif.

La faim désirable

Le maître général des postes, Hugh Finlay, écrit au ministre responsable des colonies, Sir Evan Nepean:

"Que les maîtres d'école soient anglais si nous voulons faire des Anglais de ces Canadiens; qu'ils soient catholiques romains s'il le faut, car les Canadiens, à l'instigation des prêtres, ne confieraient peut-être pas leurs enfants à des instituteurs protestants.

Avant de songer à une chambre d'Assemblée pour ce pays, établissons des institutions qui donneront au peuple le savoir dont il a besoin pour juger de sa situation et discerner ce qui pourrait contribuer à la prospérité future de la province. Le premier pas vers cette fin désirable consiste dans la fondation d'une école gratuite dans chaque paroisse."

DHCC 1759-1791 (1921) Finlay à Nepean, 22/10/84, p. 730.

"Nous pourrions angliciser complètement le peuple par l'introduction de la langue anglaise. Cela se fera par des écoles gratuites et en ordonnant que, après un certain nombre d'années, toutes les poursuites devant nos tribunaux soient instruites en anglais."

DHCC 1759-1791 (1921) p. 941.

Un Canadien sur 500

Le révérend Charles Englis, premier évêque anglican de la Nouvelle-Ecosse, fut un propagateur passionné de l'instruction. Responsable aussi du Québec, cet excellent homme voulut faire bénéficier les Canadiens de la langue qui éclaire les esprits et produit de meilleurs sujets britanniques.

"Il n'y a peut-être pas un Canadien sur 500 qui comprenne l'anglais; et il est souhaitable, à tous les points de vue qu'ils acquièrent la connaissance de cette langue, car cela contribuera à éclairer leurs esprits, en fera de meilleurs sujets. (...)

Il faudrait cependant être prudent afin d'éviter ces démarches qui donneraient un contre-coup violent à leurs préjugés. (...) Aucune méthode ne paraît mieux adaptée que celle de les instruire en anglais, d'établir une école anglaise dans chaque paroisse, fixant l'enseignement à un taux modéré et se gardant bien de porter atteinte aux principes religieux des enfants. A la demande de Lord Dorchester, j'ai dressé un plan à cet effet, l'été dernier; le Conseil législatif a adopté ensuite quelques mesures sur le même objet; mais fort peu de membres du clergé catholique ont appuyé sincèrement le projet."

AC, Inglis à Lord Grenville, 8/10/90, *Inglis Papers*, vol. I, pp. 222-226.

Lousy French

"Ordonné par Son Excellence de l'avis du Conseil, que le Greffier imprimer le rapport

136

> ci-devant dans les deux langues, à l'usage des
> Membres; et qu'il en sera envoié un nombre
> compétent de copies à tous les Shériffs dans la
> Province, qui les distribueront aux Magistrats
> et au Clergé de leurs paroisses ou Baillages
> respectif; afin qu'un objet si intimement
> connexé avec les intérêts du Peuple, puisse
> être généralement compris."
>
> *Rapport du comité du Conseil sur l'objet d'aug-
> menter les moiens d'Education*, chez Samuel Neilson,
> No 3, de la Montagne, MDCCCXC, 26 pp.
>
> (Bibliothèque de la Législature de la Province de
> Québec). Le comité était composé de 4 Canadiens
> français et de 5 Canadiens anglais; publié par ordre de
> J. Williams, le 24 décembre 1789.

A cette époque, il n'y a guère que l'évêque de
Québec qui puisse parler au nom des Canadiens.
Au gouverneur James Murray qui n'avait pas tardé
à établir l'équation entre "l'ignorance" des habitants et leur religion, Mgr Jean-François Hubert
sentit le besoin de lui adresser cette mise au point:

> Un écrivain calomnieux a malicieusement répandu
> dans le public que le clergé de cette province s'effor-
> çait de tenir le peuple dans l'ignorance pour le domi-
> ner. Je ne sais sur quoi il a pu fonder cette proposi-
> tion téméraire, démentie par les soins que ledit clergé
> a toujours pris de procurer au peuple l'instruction
> dont il était susceptible. La rudesse du climat de ce
> pays, la dispersion des maisons dans la plupart de nos
> campagnes, la difficulté pour les enfants d'une
> paroisse de se réunir tous dans un même lieu, surtout
> en hiver, aussi souvent qu'il faudrait pour leur cons-
> truction, l'incommodité pour un précepteur de

parcourir successivement chaque jour un grand nombre de maisons particulières: voilà des obstacles qui ont rendu inutiles les soins de plusieurs curés que je connais et leurs efforts pour l'instruction de la jeunesse dans les paroisses. Au contraire, dans celles qui ont des bourgs ou hameaux, telles que l'Assomption, Boucherville, La Prairie de la Madeleine, La Rivière-du-Chêne, etc., on a pour l'ordinaire la satisfaction d'y trouver un peuple passablement instruit y ayant peu de ces bourgs qui soient dépourvus de maître d'écoles.

L'inévitable se produit néanmoins: une cinquantaine d'écoles pour une population de 160,000 âmes en 1789, c'est la voie royale de l'analphabétisme. Selon Benjamin Sulte, la moitié des colons pouvaient signer leur nom au XVIIe siècle ce qui était, pour le temps, particulièrement remarquable. Qu'en restera-t-il un siècle plus tard? Nul ne peut le dire avec exactitude mais les témoignages du temps confirment assez bien la situation de dépérissement scolaire. Les marchands de Québec comme ceux de Montréal insistent sans aménité sur les carences scolaires de la population. Dans leur rapport du 5 janvier 1787 sur les affaires commerciales, on y lit que:

l'éducation de la jeunesse dans cette province, sauf dans les villes dont les écoles ne sauraient être vantées, se borne au sexe féminin, cinq ou six maisons d'écoles petites et médiocres, éparses à travers le pays, sont tenues pour l'instruction des filles par des religieuses appelées Soeurs de la Congrégation, mais il n'existe aucune institution digne de ce nom qui s'occupe de celle des garçons. De là vient que les habitants ignorent malheureusement l'usage des lettres et ne savent ni lire ni écrire, situation vraiment lamentable.

Ces marchands anglophones reconnaissent volontiers que leur organisation n'est pas meilleure puisqu'ils doivent souvent envoyer leurs enfants dans les séminaires francophones et catholiques, ce qui ne se fait pas sans risque : J.-O. Plessis dans son mémoire de 1794 sur l'état du diocèse assure que près de 300 protestants se sont convertis au catholicisme!

En Angleterre comme en France, le système scolaire relève de la religion officielle. On imagine le conflit qui ne tarde pas à se dessiner entre l'évêque catholique traditionnellement responsable de l'école en Nouvelle-France et l'évêque anglican habitué d'exercer ce rôle aussi. La sacro-sainte séparation des pouvoirs religieux et civils a toujours eu de la difficulté à garder ses plumes quand on en venait à la question scolaire, le temporel et le spirituel se disputant à l'envi la formation de l'enfant.

Hommes dynamiques et pragmatiques, les deux premiers évêques anglicans s'efforcèrent sans relâche de tenter une brèche dans ce mur français et catholique. Bien plus tard le catholicisme servira de bouclier aux francophones. Mais Charles Inglis puis Jacob Mountain comprendront les premiers que la force de ce groupe vient principalement de sa cohérence linguistique, principal élément de différenciation, d'identification et de protection.

Le premier arrive en 1787. Bénéficiant d'une communauté de pensée étroite avec le gouverneur Lord Dorchester qui rêve déjà de voir le système scolaire entre les mains de l'Etat ("ainsi tout le système obéirait à un principe unique sous l'oeil et la surveillance de la couronne"), l'évêque rêve "à rien de moins qu'à instruire les Canadiens en anglais". Il prépare donc une série de règlements pour les écoles canadiennes, les présente au gouverneur qui approuve avec enthousiasme.

Ces règlements ont ceci d'intéressant qu'ils insistent fortement sur l'importance de l'enseignement de l'anglais dans les écoles. Constatant de plus que toutes les lois, plaidoiries et avis publics sont traduits en français, l'évêque se rend compte qu'à moins de faire cesser bientôt cette fâcheuse habitude les Canadiens ne seront jamais très pressés d'apprendre l'anglais.

Mais le projet avortera, l'opposition populaire réagissant suffisamment et le gouverneur ne se sentant pas en mesure de s'aliéner les Canadiens. Charles Inglis parti, son successeur, tout aussi athlétique, prendra le "témoin" et réussira à faire passer un projet similaire au tournant du siècle: en 1801 est votée la première loi scolaire et l'établissement de l'Institution royale pour l'avancement des sciences. A l'origine, le projet voulait que ces écoles, sous l'autorité du gouverneur, soient dirigées par des professeurs anglophones de manière à percer la carapace linguistique des Canadiens.

L'opposition systématique du clergé et des parlementaires obligea le gouverneur à battre en retraite. La loi votée, elle n'eut pas tellement de succès, la méfiance des Canadiens pour un tel cadeau empoisonné (le gouverneur s'offrant à payer le professeur d'anglais!) se joignant à la conviction qu'ils avaient que l'école ne donnerait pas beaucoup plus d'occasion d'emploi dans un pays où seul le sol leur appartenait. C'est peut-être de ces années que datent les premières manifestations de suspicion du Québécois pour les institutions scolaires publiques.

La langue française sur les hustings

Dès 1800, les forces en présence se sont formées en camps. Chacun a eu le temps de définir ses forces et ses faiblesses et celles de l'autre. Pour les Canadiens, les présages heureux se multiplient, les sortent lentement de cette longue période de gestation collective.

Déjà les Canadiens avaient senti tout le parti qu'ils pourraient tirer de la révolution imminente des colonies de la Nouvelle-Angleterre. L'Eglise catholique prit alors le leadership de la collectivité et négocia la neutralité des Canadiens tout en se taillant la part agréable des bénéfices de l'opération. Par l'Acte de Québec de 1774, l'Eglise renforçait son pouvoir vacillant en devenant l'interlocuteur attitré du gouverneur ès matières canadiennes et récupérait son pouvoir de taxation (la dîme) auprès de la population. Outre l'assurance de garder leur religion, les Canadiens "s'octroyaient" l'utilisation des lois civiles françaises et conservaient le régime seigneurial.

Plus important encore, l'Acte constitutionnel de 1791 donnera aux Canadiens un pouvoir politique. Pour la première fois de leur histoire, des représentants, des élus du peuple, auront pour tâche de surviller l'administration coloniale et de proposer des lois. Evidemment l'apprentissage sera difficile, les Canadiens étant plus familiers avec le pouvoir royal et le pouvoir clérical. D'autant plus que le pouvoir exécutif leur échappait toujours.

Quoi qu'il en soit, les manifestations d'une conscience collective s'accumulent, profitant d'un certain relâchement du pouvoir britannique. Les survivants du régime français ont disparu et ont laissé la place à des Canadiens nés en territoire britannique; en 1815, la guerre cesse définitivement entre l'Angleterre et la France après des siècles de rapports acrimonieux; l'Angleterre doit continuer à composer avec ses colonies d'Amérique, l'expérience de la révolution américaine restant un échec cuisant mais riche d'enseignement sur la conduite des "cités ou principautés, lesquelles, avant qu'elles fussent conquises, vivaient sous leurs lois". Comme l'écrit Machiavel:

> Quand les pays qui s'acquièrent, comme j'ai dit, sont accoutumés de vivre sous leurs lois et en liberté, il y a trois manières de s'y maintenir: la première est de les détruire; l'autre d'y aller demeurer en personne; la troisième est de les laisser vivre selon leur lois, en

> tirant un tribut, après y avoir établi un gouvernement de peu de gens qui les conserve en amitié. Parce qu'étant ce peu de gens élevés en cet état par le prince, ils savent bien qu'ils ne peuvent durer sans sa puissance et sa bonne grâce et qu'ils doivent faire tout leur effort pour le maintenir. Et certainement, si l'on ne veut ruiner une cité accoutumée de vivre en liberté, on la tient beaucoup mieux par le moyen des citoyens eux-mêmes que d'aucune autre façon.

L'Angleterre vivra longtemps dans la crainte de voir les Canadiens se montrer soudainement annexionnistes et s'emploiera à alterner les mouvements d'autorité et de compréhension, de manière à ne pas trop faire sentir le poids de ses intérêts.

Colonie pour colonie, le Canadien des classes non-dirigeantes ne voit guère de différence entre la manière britannique de siphonner les richesses et la manière française. Il n'y a plus beaucoup de bourgeois pour se plaindre de l'exclusivité du commerce avec Londres; l'industrie ne continuera à être tolérée que dans la mesure où elle ne nuira pas à celle de la métropole; quant aux chefs militaires, aux responsables civils et à leurs fonctionnaires, ils se sont presque tous empressés de retourner en France.

Les Canadiens mettront peu de temps à reconnaître que la langue est leur première valeur d'identification. Le roi d'Angleterre aussi d'ailleurs qui, par proclamation royale, impose, dès 1763, des lois et des tribunaux anglais. La première manifestation d'une certaine collectivité canadienne se fera sur le sujet de la langue. Le problème de la langue naît au Québec, et ce n'est pas l'école qui va le régler.

De la distinction en toute chose

"Je crains que les Canadiens s'avèrent des enfants gâtés. Ils semblent se considérer comme des gens distincts des Anglais et veulent continuer à le demeurer."

Archives du Canada, *Journal de Charles Inglis*, les 11 et 13 août 1789, vol. V.

Les Canadiens réclament très tôt l'unilinguisme français et Chartier de Lotbinière le demande officiellement au Comité des communes de Londres:

Un point qui mérite attention et qui doit être fixé, c'est que la langue française est en général et presque unique au Canada, que tout étranger qui y irait n'ayant que ses intérêts en vue, il est démontré qu'il ne peut bien les servir qu'autant qu'il est fortifié dans cette langue, et qu'il est forcé d'en faire un usage continuel dans toutes les affaires particulières qu'il y traite, qu'il est de plus impossible vu la distribution des établissements et habitations du pays de prétendre y introduire jamais la langue anglaise comme générale: pour toutes ces raisons et autres non détaillées, il est indispensable d'ordonner que cette langue française soit la seule employée dans tout ce qui se traitera et aura arrêté pour toute affaire publique, tant dans les cours de justice que dans l'assemblée du corps législatif, etc.

Th. Chapais, *Cours d'histoire du Canada*, tome II, pp. 61-62.

L'Acte de Québec de 1774 ne touche pas à la question des langues, reconnaissant ainsi la situa-

144

tion de fait et, même, renforce la position du français en rétablissant le droit civil français pour "tous
les sujets Canadiens de Sa Majesté dans la province
de Québec (...) (de) conserver la possession et (de)
jouir de leur propriété et de leurs biens avec les
coutumes et usages qui s'y rattachent et de tous
leurs autres droits civils, au même degré et de la
même manière que si ladite proclamation (la Proclamation royale de 1763) et les commissions, ordonnances et autres actes et instruments n'avaient
pas été faits..."

P.-L. Panet à la chambre d'Assemblée du Bas-Canada (1792)

*Première candidature officielle à l'angli-
cisation:*

"Mr. P.-L. Panet: je dirai mon sentiment
sur la nécessité que l'orateur que nous allons
choisir possède également les deux langues —
dans laquelle doit-il s'adresser au gouverneur,
sera ce dans la langue Angloise ou Françoise —
pour ressoudre la question, je demande si cette colonie est ou n'est pas une colonie angloise? Quel est la langue du souverain et de la le-
gislature dont nous tenons la constitution que
nous rassemble aujourd'hui? Quel est le langage général de l'empire? Quel est celui d'une

partie de nos citoyens? Et quel sera celui de l'autre et de toute la province en général à une certaine époque? Je suis Canadien fils de François, ma langue naturelle est la Françoise, car grâce la la division toujours subsistante entre le Canadiens et les Anglois depuis la cession du païs je n'ai pu savoir qu'imparfaitement la langue de ces derniers. Ainsi mon témoignage n'est pas suspect — Ainsi je dirai qu'il y a une nécessité absolue pour les Canadiens d'adopter avec le temps, la langue Angloise. Seul moyen de dissiper la repugnance et les soupçons que la diversité de langue entriendra toujours entre deux peuples réunis par les circonstances et forcés de vivre ensemble — mais en attendant cette heureuse révolution, je crois qu'il est de la decence que l'orateur dont nous ferons choix s'puisse exprimer dans la langue Angloise lorsqu'il s'adressera au representant de notre souverain.

Mr. Debonne et M. Duniere demanderent que la question fut mise aux voix.''

La Gazette de Québec du jeudi 20 décembre 1792, pp. 2-3.

C'est ainsi que s'installe un double unilinguisme étrange et têtu: d'un côté une petite minorité (5% de la population en 1790) qui possède le pouvoir et de l'autre, l'immense majorité, le peuple conquis, chacun refusant de faire le premier pas, l'un invoquant le droit du conquérant, l'autre celui des peuples. Les avocats canadiens continuent de plaider en français, les conseillers législatifs utilisent le français. Les ordonnances se font dans les deux langues.

Le petit nombre des anglophones ne nuit aucunement à leur sentiment de propriétaires. Si les Canadiens élisent Jean-Antoine Panet "orateur" de la chambre d'assemblée, affirmant ainsi leur majorité, les Anglais prennent tous les moyens afin d'établir solidement leurs positions. Le 27 décembre 1792, un anglophone du nom de Grant propose au comité de la législature la résolution suivante:

> Que le comité de toute la chambre chargé de corriger ses procès-verbaux (ou journaux) reçoive instructions à l'égard de l'Acte qu'il dressera des délibérations de cette Chambre depuis le commencement de la session jusqu'au jour du renvoi, de la rédiger en langue anglaise, cela étant nécessaire pour la minorité, et que la traduction en soit faite en langue française pour l'usage de ceux qui la voudront avoir.

Comme le souligne François-Albert Angers dans *les Droits du français au Québec*, "l'arrogance indécente de ce texte et l'effort tenté tout de suite par la minorité anglaise pour faire voter par les Canadiens-français eux-mêmes la déchéance du nouveau texte constitutionnel, sont renversants. Il faut l'anglais pour la minorité, mais la majorité n'aura droit qu'à une traduction du texte anglais".

Battue à la chambre des représentants majoritairement canadienne, cette proposition illustre bien l'esprit "entreprenant" des Anglais au Canada. D'autres résolutions viendront et subiront le même sort. Avec l'appui du gouverneur et des fonctionnaires du ministère des Colonies à Londres, les anglophones s'emploieront à réduire constamment, dans les faits, les garanties de l'Acte constitutionnel.

Cette difficulté qu'éprouvent les représentants canadiens à faire valoir leurs droits les plus élémentaires, droits reconnus pourtant dans l'Acte constitutionnel, témoigne de la faiblesse de la "bourgeoisie canadienne". Que le pouvoir exécutif appartienne au gouverneur et que ce dernier soit plus sensible, pour le moins, aux intérêts des anglophones, n'explique pas la faiblesse de la députation canadienne. Alors que la population est à 90% canadienne, seulement les deux-tiers des députés élus sont francophones. A cette carence d'organisation s'ajoute un sentiment très net de défaitisme. Pendant le débat sur le choix de l'orateur en 1792, les députés francophiles ne désirent rien de plus qu'un certain bilinguisme; les arguments utilisés démontrent clairement le peu d'illusion qu'ils se font quant aux perspectives d'avenir de ce peuple vaincu:

Hé, de quoi pourraient se plaindre nos frères Anglais Canadiens, dit Rocheblave, en nous voyant décidés à conserver à nos lois, usages et coutumes leur langage originel, seul moyen qui nous reste pour défendre nos propriétés? Le stérile honneur de voir dominer leur langue pourrait-il les porter à faire pendre leur force et leur énergie à ces mêmes lois, usages et coutumes protectrices des immobiliers qu'ils possèdent en cette

Province? Maîtres, sans concurrence, du commerce qui leur livre nos productions, n'ont-ils pas infiniment à perdre dans le bouleversement général qui en serait la suite infaillible, et n'est-ce pas leur rendre le plus grand service que de s'y opposer?

Une telle démonstration de servilité devant le colonisateur ne surprend pas tellement quand on songe aux sévices et aux humiliations qu'ont dû subir les hauts fonctionnaires ou les militaires restés au pays après la conquête. Incapable de se trouver un emploi à la mesure de ses capacités, condamné à quêter aux gouverneurs quelque dédommagement ou privilège, prêt à toutes les courbettes pour sauvegarder un rang social et nourrir une famille souvent nombreuse, le bourgeois, ou ce qui en reste, développera un sentiment permanent d'impuissance devant le pouvoir étranger. Ces malheureux bourgeois formeront notre première élite nationale et lui donneront ses caractéristiques: velléitaire, portée au compromis, satisfaite des miettes du conquérant (économiques ou politiques); prétentieuse et suffisante auprès des Canadiens.

L'anglicisation du Canadien devra nécessairement passer par cette classe sociale, agglutinée dans les villes, attendant l'obole, espérant se fondre et faire oublier l'infamie d'être "différent". Monsieur de Lotbinière, collègue de Rocheblave, est d'avis que la fondation de nombreuses écoles permettra rapidement l'anglicisation des enfants: "Quand une partie de nos constituants seront en état d'entendre la langue de l'Empire, alors le moment sera arrivé de passer *toutes* nos lois dans le texte anglais, le faire avant serait une cruauté que le meilleur des rois, ni son parlement, ne voudrait jamais permettre" (*Gazette de Québec*, 31 janvier 1793).

Très tôt, des classes d'anglais sont ouvertes à Montréal et à Québec. Plusieurs jeunes Canadiens aspirant à des postes de fonctionnaires ou de militaires s'y inscrivent dans l'espoir d'y poursuivre une carrière. Souvent inutilement. Le clergé catholique doit emboîter le pas et ouvrir des classes anglaises afin de ne pas voir trop de leurs ouailles fréquenter les écoles protestantes. En outre, les familles importantes envoient leurs fils étudier en Angleterre ou aux Etats-Unis. Louis-René de Léry, fils d'un noble pourtant favori du régime, apprit l'anglais et obtint le poste convoîté... trente ans plus tard. Charles-Michel de Salaberry utilise la langue anglaise pour correspondre avec son père.

Le sentiment d'infériorité du Canadien se traduit très tôt par une corruption de sa propre langue, surtout dans les villes. La langue juridique en est la première victime. Les textes écrits des législateurs de la première génération, celle de 1792, sont si incompréhensibles que seule la lecture de l'original anglais permet d'y voir clair: voteurs, législature, orateur de la Chambre, bill, acte, seconder une proposition...

Pour tout citoyen "de quelque rang et de quelque fortune", la connaissance de l'anglais devient objet de fierté. Le 23 octobre 1819, 120 Canadiens signent une pétition à l'intention du gouverneur:

...Il n'y a actuellement qu'un seul maître appointé par le gouvernement à l'école gratuite de fondation royale à Kamouraska, lequel n'enseigne que la langue française. Vos humbles pétitionnaires désireraient que leurs enfants fussent également instruits des principes de la langue anglaise sans laquelle ils ne pourront jamais participer qu'à demi au commerce du pays.

Quatre-vingt d'entre eux ont signé d'une croix. Les écoles secondaires encouragent l'apprentissage de l'anglais. En 1792, le collège de Montréal ouvre une classe anglaise pour trente étudiants quand il en faudrait au moins deux: le séminaire de Nicolet oblige, en 1842, les élèves à parler anglais pendant la récréation du soir si l'on en croit son règlement approuvé par l'évêque de Québec. La plupart des écoles secondaires sont en fait des "écoles commerciales et industrielles".

L'analphabétisme en 1800

"Les habitants de Lauzon semblent avoir totalement oublié l'art de l'écriture. C'est à peine si, de temps à autre, un capitaine de milice ou un marguillier ose prendre la plume pour signer son nom. Tous, au contraire, déclarent toujours avec une désolante unanimité, lorsqu'ils sont interpellés suivant l'ordonnance, qu'ils ne savent ni signer, ni écrire. On semble mettre quelqu'orgueil à avouer son ignorance, tout comme les grands seigneurs du Moyen

Age. Dans les inventaires que nous avons par-
courus, il n'est jamais question de livres. Pour
dire toute la vérité, personne ne lisait, personne ne voulait lire et l'on se méfiait de ceux qui,
par une exception extraordinaire, possédaient
quelqu'instruction.

Au commencement du siècle dernier c'est à
peine si, dans toute la seigneurie, on aurait pu
trouver cinq ou six personnes capables d'exprimer passablement leurs pensées par écrit et de
faire les règles les plus communes de l'arithmétique. Et que l'on n'aille pas croire que cette
ignorance fut particulière au coin de terre
dont nous étudions l'histoire. D'après les témoignages des personnes les plus autorisées,
au temps dont nous parlons, le quart environ
de la population canadienne savait lire passablement et il pouvait y en avoir un dixième
environ qui savaient écrire leur nom, assez mi-
sérablement à la vérité."

Joseph-Edmond Roy, *Histoire de la Seigneurie de Lauzon* Lévis, 9 rue Wolfe, 1900, vol. III, pp. 343-344.

Un nouveau phénomène: l'anglicisme

A curious sort of jargon is carried on in the
market-place, between the French who do not

understand English, and the English who do not understand French. Each endeavours to meet the other half way, in his own tongue; by which means they contrive to comprehend one another, by broken phrases, for the common French marketing terms are soon picked up. The intercourse between the French and English has occasioned the former to ingraft many anglicisms in their language, which to a stranger arriving from England, and speaking only boarding-school French, is at first rather puzzling. The Canadians have had the character of speaking the purest French; but I question whether they deserve it at the present day.

(...) The Habitans are said to have as little rusticity in their language as in their deportment. The colony was originally peopled by so many of the noblesse, disbanded officers and soldiers, and persons of good condition, that correct language and easy and unembarrassed manners were more likely to prevail among the Canadian peasantry than among the common rustics of other countries. Previous to the conquest of the country by the English, the inhabitants are said to have spoken as pure and correct French as in old France: since then they have adopted many anglicisms in their language, and have also

several antiquated phrases, which may proba-
bly have arisen out of their intercourse with
the new settlers. For froid (cold) they pronounce fréte. For ici (here) they pronounce
icite. For prêt (ready) they pronounce parré;
besides several other obsolete words which I
do not at present recollect. Another corrupt
practice is very common among them, of pro-
nouncing the final letter of their words, which
is contrary to the custom of the European
French. This perhaps may also have been
acquired in the course of fifty years communication with the British settlers; if not, they
never merited the praise of speaking pure
French."

John Lambert, *Travels through Canada, and the
United States of North America, in the years 1806-
1807 and 1808.*

De l'anglicisme à l'anglomanie

O Mores!

"Est-ce l'âge ou l'humeur qui me porte à
blâmer les manières du jour, me disoit dernièrement, une parente, femme du bon vieux
temps avec qui j'avois diné chez un ancien

ami en Ville. Je ne puis m'empêcher de trouver de la rudesse poussée jusqu'à la grossièreté et quelquefois la polissonnerie, dans les jeunes gens qui se piquent du bon ton. Elle ajouta à ces mots quelques observations et des exemples. Moi, comme de droit, je pris le parti de mon siècle et des gens de mon âge, comme celui de ceux avec qui elle a vécu autrefois. Je disois en moi même:

"Vieille rien n'a changé que vous."

Dans ce moment entroit un jeune homme bien mis, qui salua négligemment la Compagnie d'un coup de tête, en ôtant gauchement son chapeau, avec une gravité vraiment ridicule pour son âge. Il traverse l'appartement pour aller se placer de travers sur un sopha où était une jeune Demoiselle qui jusques là nous avoit intéressés par la finesse de son esprit et la délicatesse de ses saillies. L'arrivée de mon Sénateur l'avoit déconcertée, c'étoit un jeune homme de fortune et de rang, elle n'a que du mérite. Elle resta muette. La conversation avoit été animée, elle devint languissante. Mon important après avoir rêvé quelques instans, d'un air mistérieux, la tête baissée, sifflant tous bas entre ses dents, les mains dans ses goussets, les jambes croisées, s'éveilla tout-à-coup pour s'adresser à un compagnon de son âge qui était à l'autre extrémité de l'appartement, qu'apparamment il n'avoit pas vu en entrant, et l'accueille d'un how are you, prononcé d'un ton de vrai Jockey. La réponse fut du même ton et du même langage. Un seul d'entre nous, excepté les interlocuteurs, entendoit. Il se trouvoit auprès de moi. Nos jeunes gens continuèrent sur le même ton, et nous de rester dans le silence aussi bien nous n'entendions rien à ce qui se disoit, d'un autre côté, ceux qui ne connoissoient pas les masques, auroient pris cette manière d'agir pour une distraction de gens d'affaires, et auroient craint d'interrompre un entretien qui paroissoit soutenu de part et d'autre avec beaucoup d'intérêt. Ma bonne parente crut elle-même qu'ils discutoient quelqu'objet d'importance. Dans le fait on eut cru voir deux Ambassadeurs ou des ministres d'état qui saisissoient l'occasion de se faire quelques communications importantes. Notre voisin voulut bien nous traduire quelques parties de leur conversation. Elle rouloit sur une partie de plaisir de la veille, une course de chevaux, un diner d'auberge à quelque distance de la Ville. L'un d'eux avoit passé un de ses compagnons à plein galop et l'avoit éclaboussé dans la boue. L'autre avoit enivré son vis-à-vis à table au point de le laisser dessous, et d'être obligé de le recommander à l'Aubergiste qui l'avoit mis

au lit pour lui faire faire la digestion de son
diner. A cet intéressant recit ma bonne parente qui ne pouvoit revenir de sa surprise de
l'aventure, me demanda qui étoient ces Messieurs, sans doute, ajouta-t-elle, ce sont des
étrangers qui se trouve ici par hazard. Je fus
obligé de lui répondre en rougissant un peu,
que l'un d'eux étoit le fils d'un cousin à elle,
qu'elle n'avoit pas vu depuis plusieurs années,
qui n'avoit pas fini son cours d'étude au Semi-
naire, à cause de la foiblesse de sa mère qui ne
pouvoit se résoudre à le gêner à cette excès, et
qu'on l'avoit mis à l'Ecole en Ville depuis
l'âge de quatorze jusqu'à dix-sept ans, qu'il en
étoit sorti pour entrer dans le monde. L'autre le fils d'un ancien Marchand chez qui ma
parente avoit fait autrefois des affaires, et
qui en avoit fait autant pour les mêmes raisons. — Mais comment se fait-il qu'ils ne parlent qu'Anglois? me dit-elle. Est-ce qu'ils ne
savent pas leur langue? Pardonnez-moi, je les
ai entendu parler passablement le François,
aussi bien que peuvent des gens qui ont man-
qué leur éducation, et M... dit qu'ils parlent
assez mauvais Anglois, mais nos jeunes aiment
à s'exercer à parler en Anglois. —Fi donc, ils
ne sont pas ici à l'école. Parler en pleine compagnie, devant des gens honnêtes pour n'être
pas entendu. J'ai connu dans ma jeunesse
beaucoup d'Anglois bien nés, ils n'avoient ja-

mais commis un acte de grossièreté aussi de-
testable, il est vrai que nous n'avons pas perdu
grand'chose de ne point avoir de part à ce ridicule entretien; mais enfin il eut mieux valu
pour leur honneur, rester à l'auberge et y
achever leurs prouesses, c'est sans doute un
échatillon de la politesse de votre jeunesse. Pre-
nez le parti de votre âge, armez-vous d'éloquen-
ce, il a besoin de panegyristes.—Avoit-elle
tort?"

Un Spectateur

Le Canadien, 4 juin 1808

Le bilinguisme à l'oeuvre et à l'épreuve

"Nous entrâmes dans une salle spacieuse
remplie de gradins sur lesquels se tenait une
foule dont toutes les apparences étaient françaises. Au fond de la salle étaient peintes en
grand les armes britanniques. Au-dessous de
ce tableau était placé le juge en robe et en
rabat. Devant lui étaient rangés les avocats.
Au moment où nous parvînmes dans cette
salle, on plaidait une affaire de diffamation.
Il s'agissait de faire condamner à l'amende
un homme qui avait traité un autre de pen-

dard et de crasseux. L'avocat plaidait en anglais. Pendard, disait-il en prononçant le mot avec un accent tout britannique, signifie un homme qui a été pendu. Non, reprenait gravement le juge, mais qui mérite de l'être. A cette parole l'avocat du défenseur se levait avec indignation et plaidait sa cause en français, son adversaire lui répondait en anglais. On s'échauffait de part et d'autre dans les deux langues sans se comprendre sans doute parfaitement. L'Anglais s'efforçait de temps en temps d'exprimer ses idées en français pour suivre de plus près son adversaire; ainsi faisait aussi parfois celui-ci. Le juge s'efforçait tantôt en français, tantôt en anglais, de remettre l'ordre. Et l'huissier criait:
— Silence! en donnant alternativement à ce mot la prononciation anglaise et française. Le calme rétabli, on produisit des témoins. Les uns baisèrent le Christ d'argent qui couvrait la Bible, et jurèrent en français de dire la vérité, les autres firent en anglais le même serment et baisèrent en leur qualité de protestants l'autre coté de la Bible qui était tout uni. On cita ensuite la coutume de Normandie, on s'appuya de Denisart, et on fit mention des arrêts du Parlement de Paris et des statuts du règne de George III. Après quoi le juge: Attendu que le mot crasseux emporte l'idée d'un homme sans moralité, sans condui-

> te et sans honneur, condamne le défenseur à
> dix huit louis ou dix livres sterling d'amende."
>
> Alexis de Tocqueville, *Oeuvres complètes*, tome V,
> *Voyages en Sicile et aux Etats-Unis*, Paris, Gallimard,
> 1957, 387 pages.

L'Anglais fait ses classes

Les *événements* de 1837-1838 marqueront la
défaite du peuple canadien dans sa tentative de devenir une "colonie autonome", dépendante certes
de la mère-patrie mais suffisamment émancipée
pour jouir d'institutions politiques propres au
"gouvernement responsable", maître d'oeuvre de la
démocratie libérale britannique. Si les deux premières générations de Canadiens avaient subi, sous
le régime anglais, la nécessaire période de redéfinition collective par le vide, celles du début du XIXe
siècle, plus confiantes, plus audacieuses, avaient
profité du courant général d'émancipation des peuples européens, sans compter l'exemple constant et
spectaculaire des ex-colonies britanniques d'Amérique, pour amorcer sa reconquête.

Presque tous les éléments sont en place pour
faire prendre conscience au peuple canadien de la
nécessité d'une conquête des pouvoirs politiques
qui lui échappent. Les abus constants de la minorité anglaise du Bas-Canada exaspèrent les Cana-

diens: le gouverneur et le conseil législatif assurent à l'oligarchie anglophone le véritable pouvoir démocratique, celui de dépenser l'argent du peuple. Les députés canadiens en sont réduits à un rôle d'opposition permanente et d'empêcheur de tourner en rond, même s'ils représentent toujours l'énorme majorité de la population. Vers 1810, la population britannique pouvait s'élever à 25,000, tandis que les Canadiens étaient au moins 300,000, soit 93% . Cette disproportion explique facilement leur sentiment de frustration "démographique" et le développement de leur conscience collective.

L'immigration britannique systématique les alarme aussi: trente ans plus tard la population anglophone aura triplé. Les Canadiens atteindront bien le demi-million mais cela ne fera qu'accroître l'exiguïté du territoire. D'un côté les nouveaux arrivés anglophones se voient offrir les postes intéressants dans le commerce, le fonctionnarisme et l'industrie naissante, de l'autre des Canadiens subdivisent constamment les terres en parcelles et sont finalement condamnés à s'exiler dans les "factories" de la Nouvelle-Angleterre, histoire de ne pas crever de faim.

L'ouverture de plusieurs collèges multipliera, modestement mais assurément, les lieux d'échanges et permettra l'éclosion d'une première génération de définisseurs de situations. Le séminaire de Québec existe depuis 1668, le collège de Montréal, des Messieurs de Saint-Sulpice, depuis 1765. A ceux-ci se joignent coup sur coup: le séminaire de Nicolet en 1803, le séminaire de Saint-Hyacinthe en 1812, le collège de Sainte-Thérèse-de-Blainville et celui de Chambly en 1825, le collège de Sainte-Anne-de-la-Pocatière en 1829 et le collège de l'Assomption en 1832. Passer de la création d'uns institution par siècle à six en un seul quart de siècle laisse imaginer le dynamisme presque incroyable de cette époque de notre histoire. Et il faut lire les débuts de l'histoire de ces maisons d'éducation pour s'apercevoir que la volonté de bâtir un pays, une patrie, ne date pas de 1960 au Québec.

Hélas! les Québécois d'autrefois n'ont jamais eu la moindre chance sur le champ de bataille. Lévis avait bien obligé Murray et ses troupes à se replier derrière les murs de Québec, mais la flotte britannique entra la première et il ne resta plus que l'élégance du geste: brûler les drapeaux. Un siècle plus tard l'échec des 92 résolutions et la volonté britannique de rendre minoritaires les Canadiens entraîneront les mêmes conséquences: Saint-Charles, Saint-Denis, Saint-Eustache résisteront à peine plus longtemps que les plaines d'Abraham Martin. Il faut croire que les veillées du bon vieux temps ne réservaient que très peu de place à la stratégie et à la tactique militaire. Fourches, bâtons et cuillères fondues, églises ébréchées feront que l'imagerie romantique populaire aura remplacé le geste aristocratique et souverain des drapeaux de Sainte-Hélène dans notre mémoire collective. Il est loin le temps des canons de Monsieur de Frontenac.

L'opprobre de la défaite touchera beaucoup plus durement la petite bourgeoisie canadienne. En 1760, elle eut trois ans pour retourner en France; en 1837 elle n'a que le temps de s'enfuir aux Etats-Unis, ce qui, effectivement, ne règle rien: seuls les plus compromis y séjourneront. Les autres s'emploieront à se faire pardonner ce dérangement inexplicable!

L'échec entraîne rapidement une évolution des mentalités dans la bourgeoisie canadienne. Ses éléments bon-ententistes prennent solidement le dessus. De partout, on s'élève contre les distinctions "nationales", contre les préjugés de "race". Le rapport Durham prône l'assimilation des Canadiens aux anglophones par la création des Canadas-Unis et par une entreprise de persuasion axée sur une immigration anglaise systématique et sur la conviction bien arrêtée que les Canadiens, peuple sans histoire et sans littérature, s'empresseront inévitablement d'accéder à la culture supérieure de l'empire britannique.

Dès novembre 1840, Charles Mondelet commence à publier dans le *Canada Times* une série de *Lettres sur l'éducation élémentaire et pratique*. Avocat influent, soumis aux contradictions qui déchirent la petite bourgeoisie, Mondelet a choisi pour la société canadienne le bilinguisme intégral comme moyen de promotion collectif. Pour mon-

trer sa bonne volonté, il choisit de publier ses réflexions en anglais d'abord, tout en s'excusant au
préalable de ses carences linguistiques. Dans ses
lettres, il prône clairement l'union "des deux races", suggérant ainsi l'établissement d'une école
anglaise et d'une école française dans chaque muni-
cipalité. Dans la classe, le maître devra décourager
systématiquement les distinctions nationales et il lui
sera défendu... de faire de la politique. *Politique*
étant évidemment entendu dans le sens de *nationalisme*.

Quant aux officiers supérieurs, ils devront être
"de vrais patriotes, désintéressés, clairvoyants, pra-
tiques, énergiques, prudents, bref des hommes bien
connus et affranchis de préjugés nationaux, ayant
du coeur pour lutter contre toutes les oppositions".
A la tête du système, il faudra un *surintendant des
Ecoles élémentaires* qui "devrait connaître les meilleurs systèmes d'éducation élémentaire et pratique
et posséder comme de raison l'anglais et le français.
Il serait tenu, sous peine de perdre sa place, de
s'abstenir de se mêler de politique, et il serait aussi
tenu de décourager toutes les distinctions nationales et principes de sectes, aussi bien que toutes discussions et préventions de la sorte qui se manifeste-
raient ouvertement".

Mondelet fait donc appel au Parlement et insiste
sur l'urgence de mettre l'éventuel système d'éducation au service des Canadas-Unis: "La Législature
unie, dès sa première session, donnera à la cause de

l'éducation, son attention la plus sérieuse et (...) elle prouvera à la société en général que ñous ne devons pas être privés davantage d'un système d'éducation au moyen duquel toutes les classes de la société, quelles que soient leur origine, leur religion ou leur politique, (recevront) une éducation semblable, uniforme (de sorte que) les distinctions nationales (disparaîtront), la paix, l'harmonie, la confiance et le bonheur (renaîtront) et la prospérité du pays (sera) assurée.''

Il y a là tout le credo de ceux qui deviendront plus tard les fédéralistes canadiens-français. De ceux qui, poussés à bout par les nationalistes, en viennent toujours à la conclusion que la langue, c'est bien beau, mais il y a l'économie vous savez''. Bien sûr, les voeux de maître Mondelet ne furent point exaucés: le parlement hybride formé par l'union du Haut et du Bas-Canada n'était certainement pas en mesure d'assumer un leadership quelconque dans une matière aussi complexe que l'éducation, depuis toujours sujette à l'autorité religieuse.

LE TEMPS DES CANADIENS FRANCAIS

Le premier demi-siècle de la confédération canadienne restera peut-être la période la plus triste de la collectivité québécoise. Années de confusion, de rêves irréalisables, de projets loufoques destinés à transformer la défaite d'un peuple devenu minoritaire en victoire d'une Amérique française. Pour plusieurs, c'est la revanche des berceaux, celle qui fera de l'ouest canadien, du nord de l'Ontario, des territoires du Nord-Ouest des terres promises pour un pays qui, n'est-ce pas, s'appelle le Canada, patrie des Canayens! Le retour du vieux rêve d'enfermer les Anglais dans un ghetto. Le retour du fantôme d'Iberville s'emparant de l'ouest américain et menaçant d'étouffer le petit million de colons britanniques dans le territoire trop étroit de la Nouvelle-Angleterre. Maintenant ce sera l'Ontario orangiste qui devra subir le même sort.

L'esprit olympique

Avec un bel ensemble, politiciens canadiens-français et membres du haut-clergé proposeront à un peuple désemparé les missions les plus incroyablement utopiques. Pour faire oublier la misère économique provenant presque totalement d'une agriculture devenue archaïque et de toute façon incapable de permettre la subsistance d'un million de citoyens, les politiciens parleront d'un pays *a mari usque ad mare* et trafiqueront le passé d'une manière éhontée.

> O Canada, terre de nos aïeux
> Ton front est ceint de fleurons glorieux.
> Car ton bras sait porter l'épée
> Il sait porter la croix.
> Ton histoire est une épopée

> des plus brillants exploits
> Et ta valeur de foi trempée
> protégera nos foyers et nos droits

Ces paroles d'Adolphe-Basile Routhier, (avocat, professeur de droit, juge de la Cour supérieure, juge d'amirauté, juge en chef, administrateur de la province de Québec) résument bien le credo de cette période: l'Eglise s'impose comme principal défenseur de la nationalité canadienne-française, confusion supplémentaire qui ne sera pas de nature à clarifier les enjeux surtout que l'enthousiasme n'est pas à son comble. Il ne faudra pas s'étonner que le mouvement d'émancipation politique de ces dernières années soit accompagné d'une désaffection religieuse. Déjà Monseigneur Laflèche reconnaissait, dès 1866, le caractère inévitable de la suprématie de la langue anglaise: "Mes frères, je ne vous dissimulerai en rien ma pensée; la plus lourde taxe que la conquête nous ait imposée, c'est la nécessité de parler la langue anglaise" (discours du 25 juin).

Se satisfaisant des miettes laissées par les nouveaux capitalistes américains et canadiens, les politiciens gagneront leurs élections par des discours patriotiques, s'essaieront à l'art oratoire en se faisant une tête à Papineau, seront férocement nationalistes dans l'opposition et désespérément compréhensifs et "fair-play" au pouvoir.

Les principaux hommes politiques canadiens-français ne s'intéresseront longtemps qu'à la scène fédérale. Georges-Etienne Cartier, Wilfrid Laurier, Henri Bourassa, Armand LaVergne voudront y faire carrière. Ils cautionneront ainsi aux yeux des Canadiens français leurs rêves pan-canadiens. Les territoires du Nord-Ouest seront acquis sous l'administration Macdonald-Cartier et le français y sera langue officielle; la province du Manitoba sera créée en 1870 et dotée d'une constitution semblable à celle du Québec. Cette poussée vers l'ouest, son bilinguisme officiel (et très temporaire) serviront de stimulant au messianisme franco-catholique. Eustache Prud'homme écrit dans la *Revue canadienne* dès 1871:

> Ce mouvement politique est venu à la remorque du mouvement religieux dans l'accomplissement de cette grande idée (...), nos missionnaires avaient devancé nos hommes d'Etat. Ainsi l'on peut affirmer que cette annexion de deux immenses provinces (le Manitoba et la Colombie-Britannique) est en grande partie une oeuvre canadienne-française.

(no 8, p. 319)

Les évêques de la province de Québec abondent dans le même sens:

> Ces contrées si nouvelles pour les individus ne le sont pas pour le Canada. C'est l'énergie de nos pères qui les a découvertes. C'est le zèle de nos missionnaires qui les a régénérées et préparées à l'ère de prospérité qui semble les attendre. Ces contrées lointaines ne sont donc pas la terre étrangère. Environ la moitié de la population y parle le français et est d'origine Canadienne, en sorte que de toutes les paroisses on est certain d'y trouver des parents ou du moins des amis.

(mandement du 23 octobre 1871)

La réaction anglophone ne sera pas longue à venir: abolition des droits scolaires des catholiques (donc francophones) du Nouveau-Brunswick en 1873, violence de la répression contre les métis de l'Ouest et Louis Riel, disparition du français comme langue officielle du Manitoba. Le gouvernement d'Ottawa refuse d'agir et de faire respecter l'esprit de la confédération tel que compris par les Canadiens français.

Très tôt, ceux-ci verront apparaître une foule de prophètes, messies, justiciers, dont la tâche promise serait d'assurer le fair-play anglophone et le juste épanouissement de la race franco-catholique au Canada, de ce "peuple fondateur" dont on entend moins parler aujourd'hui. Laurier se présentera, convaincra et... ne pourra rétablir les droits scolaires des Canadiens français au Manitoba; il deviendra un roi-nègre de l'impérialisme britannique en faisant participer le Canada à la guerre en Afrique du Sud contre la petite colonie des Boers.

Les débuts de siècles nous font toujours du bien

C'est d'ailleurs à partir des premières années du XXe siècle que l'exaspération des Canadiens français donnera naissance à une nouvelle pensée nationaliste. Mais ce n'est que très lentement qu'elle en viendra à la conclusion de l'Etat français du Québec comme seul lien viable pour sa collectivité. Encore aujourd'hui les derniers nationalistes fédéralis-

tes brandissent le million de Canadiens français dis-
séminés dans le Canada anglophone pour justifier le
pacte confédératif. Encore aujourd'hui l'on parle
d'établir la radio française à Vancouver!

L'anglicisme, voilà l'ennemi

"Le principal danger auquel notre langue
est exposée provient de notre contact avec les
Anglais. Je ne fais pas allusion à la manie
qu'ont certains Canadiens de parler l'anglais à
tout propos et hors de propos. Je veux signa-
ler une tendance inconsciente à adopter des
tournures étrangères au génie de notre langue,
des expressions et des mots impropres; je
veux parler des anglicismes. Il faut bien s'entendre sur la véritable signification de ce mot.
On croit trop généralement que les seuls anglicismes que l'on ait à nous reprocher sont ces
mots anglais qui s'emploient plus souvent en
France qu'au Canada, tels que "steamer",
"fair-play", "leader", "bill", "meeting",
"square", "dock", etc. A vrai dire ce ne sont
pas là des anglicismes, et il n'y a que très peu
de danger à faire usage de ces expressions, surtout lorsque le mot français correspondant
manque. On peut, sans inconvénient, em-
prunter à une langue ce qu'il nous faut pour

rendre plus facilement notre pensée. Aussi les Anglais ont-ils adopté une foule de mots français: naïveté, ennui, sang-froid, sans-gêne, &.C.

Voici comment je définis le véritable anglicisme: "Une signification anglaise donnée à un mot français." Un exemple fera mieux comprendre ma pensée. Ainsi on entend dire tous les jours qu'un tel a fait "application" pour une place. Le mot "application" est français; il signifie "l'action d'appliquer une chose à une autre" et n'a d'autre signification. On fait "l'application" d'un principe ou d'un cataplasme. Mais on ne peut employer ce mot dans le sens de demande et dire: "Faire application pour une place." C'est de l'anglais: To make application for a place.

Voilà l'anglicisme proprement dit qui nous envahit et qu'il faut combattre à tout prix si nous voulons que notre langue reste véritablement française. Cette habitude, que nous avons graduellement contractée, de parler anglais avec des mots français, est d'autant plus dangereuse qu'elle est généralement ignorée. C'est un mal caché qui nous ronge sans même que nous nous en doutions. Du moment que tous les mots qu'on emploie sont français, on s'imagine parler français. Erreur profonde. Pour bien parler et écrire le français, il faut de plus, donner à ces mots leur véritable signification. Massacrer la langue française avec des mots français est un crime de lèse-nationalité. A mes yeux les barbarismes, les néologismes, les pléonasmes, les fautes de syntaxe et d'orthographe sont des peccadilles en comparaison des anglicismes qui sont pour ainsi dire des péchés contre nature. Entrons maintenant en matière.

A tout seigneur tout honneur. Rendons-nous d'abord à la législature et écoutons les mandataires du peuple. Un député se lève. C'est un homme qui a fait un cours d'études complet et qui se croit savant. Oyez-le:

"M. l'Orateur, quoi qu'en dise l'honorable "membre pour..., j'ai le plancher de la Cham-"bre. Je ne veux pas donner un vote silencieux "sur la mesure que le gouvernement vient "d'introduire en chambre. Je ne puis pas sup-"porter cette mesure, je l'opposerai de toutes "mes forces et je suis satisfait que je pourrai "démontrer à la satisfaction de cette honora-"ble chambre que cette mesure ne doit pas "passer. En étudiant les statistiques on se "convaincra que cette mesure a été introduite "pour promouvoir des intérêts sectionnels et "que les intérêts généraux y sont ignorés. "J'objecte à ce qu'on législate en faveur du "petit nombre et que l'on adopte des lois qu'il "faut rappeler au bout d'un an. Je vois sur les

172

"ordres du jour d'autres mesures non moins
"mauvaises que la partisannerie seule a pu dic-
"ter.   Nous sommes responsables à nos cons-
"tituants, et il ne faut pas se mettre en contra-
"vention avec les grandes lois de la moralité
"publique."

On dirait que c'est du français, n'est-ce pas?
Et bien! c'est de l'algonquin tout pur. Un
Français n'y comprendrait rien. Et cependant
je n'ai pas exagéré; on entend parler ce langage depuis l'ouverture jusqu'à la clôture de la
session."

Jules-Paul Tardivel, *l'Anglicisme, voilà l'ennemi!*,
Québec, Imprimerie du Canadien, 1880, 28 pages.

"Cessons nos luttes fratricides"
(Honoré Mercier)

"Nous ne sommes pas aussi forts que nous
devrions l'être parce que nous sommes divisés.
Et nous sommes divisés parce que nous ne
comprenons pas les dangers de la situation.
Nos ennemis sont unis dans leur haine de la
patrie française; et nous, nous sommes divisés
dans notre amour de cette chère patrie.
Pourquoi? Nous ne le savons pas. Nous

sommes divisés parce que la génération qui nous a précédés était divisée. Nous sommes divisés parce que nous avons hérité des qualifications de rouges et de bleus; parce que le respect humain nous dit de nous appeler libéraux ou conservateurs; parce qu'il est de bon ton d'avoir un nom et un titre sous prétexte d'avoir des principes (...)

Brisons, Messieurs, avec ces dangereuses traditions; sacrifions nos haines sur l'autel de la patrie et dans ce jour de patriotiques réjouissances, au nom et pour la prospérité de cette province de Québec que nous aimons tant, donnons-nous la main comme des frères, et jurons de cesser nos luttes fratricides et de nous unir.

Que votre cri de ralliement soit à l'avenir des mots qui seront notre force: "Cessons nos luttes fratricides et unissons-nous!"

Extrait d'un discours prononcé à Québec le 24 juin 1889.

Pendant que les Canadiens français du Manitoba et de l'Ontario mettront toutes leurs énergies à la survivance, ceux du Québec apprendront graduellement à tourner les yeux vers le seul gouvernement qui pourra vraiment représenter leurs intérêts. Pourtant, Dieu sait que l'assemblée législative de Québec n'aura pas pesé lourd au début. Au contraire, les Canadiens français ont cru qu'un pouvoir francophone (ou canadien) puissant à Ottawa assurerait leur développement collectif et celui de toute la race. Pour eux, le gouvernement de Québec devait se contenter d'assumer seulement des pouvoirs municipaux. Déjà prêts, après y avoir été longuement préparés, à laisser les décisions économiques et commerciales au gouvernement central, ils accepteront que le département de la Trésorerie, notre Conseil du trésor actuel, soit entre les mains d'anglophones montréalais. Soixante ans après l'Acte de l'Amérique du Nord britannique, le gouvernement du Québec n'émettra que des chèques uniquement rédigés en langue anglaise et déposera ses fonds dans une banque anglo-canadienne. Plusieurs hauts fonctionnaires québécois seront en fait des unilingues anglophones qui ne sentiront jamais la nécessité d'utiliser le français dans l'exercice de leurs fonctions.

Les Canadiens français élisent leur premier chef national dès 1887 en la personne d'Honoré Mercier, chef du parti national. Depuis toujours opposé à la confédération, défenseur des intérêts nationaux, il ne survivra toutefois pas à une campagne de dénigrement mais prendra la relève de Papineau dans la mémoire populaire des Canadiens. Nous savons un vieil homme qui garde précieusement un article paru dans *Perspectives* et résumant la vie de ce politicien dépareillé, porte-parole de ses aspirations de naguère.

Ses quarante années au service de la Consolidated-Bathurst lui rendent difficile le juste partage entre la compagnie nourricière américaine et sa qualité de membre de la société mange-canayenne remplie de contremaîtres serviles, mais j'aime le voir, au hasard de nos rencontres, ouvrir la petite commode du salon, en retirer de sa fébrile lenteur un spicilège vénérable, l'ouvrir et, l'oeil soudainement vif, me demander de bien lire la seule et unique feuille qui s'y trouve.

Profondément déçu des politiciens, finalement assez fier de son mépris qu'il considère comme une ultime vengeance, ce septuagénaire s'est vu condamné à passer sa vie en raquettes, de janvier à avril pendant 25 ans, à mesurer le bois de la Haute-Mauricie, alors qu'il aurait voulu faire fortune dans l'automobile et la mécanique. Rappel cruel que les collectivités aussi peuvent manquer le bateau.

Le panache d'Honoré Mercier ravivera le nationalisme. La jeunesse de 1900 lui redonnera son enthousiasme. Des ligues se forment, qui regroupent ceux qui rêvent d'un destin national. De nouveaux chefs de file remplacent les politiciens timorés souvent plus intéressés à se satisfaire des bénéfices matériels qu'offre le pouvoir ou la fidélité au parti qu'à répondre aux aspirations silencieuses de leurs commettants.

Au compte-gouttes

Au début des années vingt, les dirigeants de l'Association catholique de la jeunesse canadienne française décident de mener une campagne de refrancisation. Mais au préalable, il faut faire une enquête, dont nous relevons ici quelques éléments.

4. Quelle mode prévaut dans le vêtement? Quelle est la part de l'influence anglaise ou juive? L'étiquette indique-t-elle une fabrication canadienne ou étrangère?

5. Les prénoms et les surnoms des enfants ne sont-ils pas parfois anglais? Dans quelle proportion à peu près?

6. Les cultivateurs de votre région ne donnent-ils pas des noms anglais à leurs animaux: chevaux, chiens, vaches? Cet usage est-il répandu? Que faire pour obvier à cette anomalie?

7. Pouvez-vous citer quelques traits de snobisme et d'anglomanie qui déparent notre vie familiale et française? Ces faits sont-ils fréquents? Comment, à votre avis, pourrait-on réagir contre ces habitudes?

10. Nos lois provinciales sont-elles toujours françaises d'esprit et de rédaction? Quels empiètements avons-nous laissé pratiquer sur nos lois et notre droit français?

12. Quelle musique, quelles danses, quelles chansons votre entourage préfère-t-il? françaises, anglaises, américaines? Le respect humain n'empêche-t-il pas les jeunes gens de chanter nos vieilles chansons canadiennes? Que vendent surtout les marchands de musique? Avez-vous fait enquête?

15. Quels catalogues et revues de mode recevez-vous? De maisons françaises, anglaises ou juives?

Secouons le joug, rapport officiel du 19e Conseil fédéral tenu par L'A.C.J.C. à Hull, P.Q., les 1er et 2 juillet 1922, Montréal, Secrétariat général de l'A.C.J.C., 1923, 177 pages.

Dès 1903 se forme l'Association catholique de la jeunesse canadienne-française (ACJC) vouée à la promotion des dimensions sociale, catholique et nationale de la jeunesse. L'année suivante, la Ligue nationaliste s'organise contre l'impérialisme britannique naissant au Canada et bénéficie des services d'un journaliste batailleur, doté d'une verve endiablée, bien fait pour rallier la jeunesse: Olivar Asselin.

Le 11 mars 1913 naît la Ligue des droits du français. La Ligue s'est assignée comme fin de rendre à la langue française la place à laquelle elle a droit, surtout dans le domaine du commerce et de l'industrie. Partout où s'exerce l'activité des Canadiens français, elle mène une campagne d'éducation par la distribution de petites brochures, de tracts, de feuillets et de listes d'expressions techniques en langue française. C'est dans la clandestinité qu'apparaîtra le lexique français du commerce et de l'industrie au Québec. Et pourtant il ne s'adresse qu'aux milieux canadiens-français: professionnels, compagnies d'utilité publique, gouvernements et petites entreprises. Bientôt sont publiés *l'Almanach de la langue française*, destiné à un vaste public, et *l'Action française*, petite revue de réflexion de nature à compléter les efforts quotidiens du *Devoir* d'Henri Bourassa, journal nationaliste jusque vers le milieu des années '20.

Sur le plan linguistique, des groupes songent à ressusciter le culte de la langue française. La Société du Parler français jette les bases d'une étude scientifique du parler franco-canadien, encourage la mise sur pied un peu partout des cercles du Parler français. Autour de leurs principaux animateurs, l'abbé Stanislas Lortie et l'avocat Adjutor Rivard, elle se fera connaître par son important congrès de la langue française, tenu à Québec en 1912. Une société du "bon" parler français apparaîtra même en 1920.

Les vieilles sociétés Saint-Jean-Baptiste rajeunissent leurs cadres. Olivar Asselin devient même le président de la section de Montréal, entreprend un nettoyage (une clique de vieux politiciens menaçait de s'y incruster) et tente de lui redonner son rôle de société nationale.

Le français dans la rue

On a souvent parlé des efforts cycliques des Québécois: mouvements de ferveur suivis de périodes d'apathie. Certains y voient l'influence du climat, d'autres, celle du colonisé. Les deux premières décennies ont vu les Canadiens français du Québec prendre conscience de leur majorité, manifester leur présence de manière bruyante et persistante. Mais la longue tradition de soumission politique et économique a tôt fait de dissiper les énergies.

Pour un instant obligée de suivre le mouvement, l'élite politique et religieuse traditionnelle entreprend rapidement de dénigrer les actions entreprises et de saper la crédibilité de ceux qui s'en font les propagateurs. La brève période de démission des années 1840 à 1900, à la suite de l'échec des revendications de 1837, avait permis l'éclosion d'une faune politique légèrement revendicatrice à sa première génération mais carrément conformiste et conventionnelle par la suite. Nationaliste d'un côté (il faut bien se faire élire), elle s'empressera de reconnaître la suprématie de l'anglais et de ceux qui le parlent (puisqu'il faut bien vivre, aussi). Cent cinquante ans après la conquête, les Canadiens commençaient à savoir que seule la langue anglaise pouvait permettre l'accès aux richesses et aux honneurs.

Quand la Société du Parler français organise son premier grand congrès en 1912, "Sir" François Langelier, alors lieutenant-gouverneur de la province de Québec, prend la parole, souligne que les Canadiens français ont raison de vouloir conserver leur langue maternelle mais insiste sur la nécessité d'établir un bilinguisme véritable au Québec. "Cependant, nous savons reconnaître que, dans un pays comme le nôtre, la langue anglaise est très utile, indispensable presque, et aussi, jamais il ne nous viendra à l'esprit de la bannir de nos collèges et de nos maisons d'éducation canadiennes-françaises; loin de là, nous travaillons, en conscience, à l'apprendre le mieux possible."

Mgr Paul-Napoléon Bruchési, archevêque de Montréal de 1897 à 1921 loge à la même enseigne:

> Apprenons, messieurs, aimons et parlons la langue actuelle de l'Empire. Nous voulons qu'on l'enseigne à nos enfants dans toutes nos écoles; c'est un devoir, une nécessité et un besoin. Nous l'avons fait jusqu'ici, nous le ferons mieux et davantage encore à l'avenir; mais nous tenons à proclamer que le français a sa place sur la terre canadienne comme sur le blason royal.

En 1890, Wilfrid Laurier avait déjà déclaré aux Communes que la "destinée du Canada est d'être anglais."

L'exemple venant de haut, on imagine l'action corrosive de tous les sous-fifres, au service de l'orthodoxie officielle: députés, sénateurs, conseillers législatifs, "patroneux" de tout acabit s'employant à miner les efforts de résurrection nationale en jouant systématiquement sur le sentiment de faiblesse de la collectivité canadienne-française.

Les leaders du nationalisme en seront presque tous victimes et connaîtront des fins lamentables, brisés par la pression constante, prisonniers de leur rôle de révolutionnaires. Armand LaVergne et Henri Bourassa connaîtront l'angoisse et le sentiment de culpabilité consécutifs à leur émancipation des cadres établis. Olivar Asselin aussi, et bien d'autres, surtout ceux qui feront carrière publique.

Prenons le cas d'Armand LaVergne. Né en 1880, LaVergne découvre en Wilfrid Laurier sa première idole rapidement remplacée d'ailleurs par Henri Bourassa, petit-fils de Louis-Joseph Papineau du côté maternel.

La loi LaVergne

(Chapitre 40, Statuts de Québec 1910.)

"1682c. Doivent être imprimés en français et en anglais les billets de voyageurs, les bulletins d'enregistrement des bagages, les imprimés pour lettres de voiture, connaissements, dépêches télégraphiques, feuilles et formules de contrats, faits, fournis ou délivrés par une compagnie de chemin de fer, de navigation, de télégraphe, de téléphone, de transport et de messageries ou d'énergie électrique, ainsi que les avis ou règlements affichés dans ses gares, voitures, bateaux, bureaux, usines ou ateliers."

"1682d. Toute contravention par une compagnie de chemin de fer, de navigation, de télégraphe, de téléphone, de transport, de messageries ou d'énergie électrique, faisant affaires en cette province, à une des dispositions de l'article précédent sera punie d'une amende n'excédant pas vingt piastres, sans préjudice du recours pour dommages."

Intelligent, éloquent, ayant belle apparence, il devient avocat en 1903 et est élu député de Montmagny aux Communes l'année suivante. Mais déjà il s'est rendu désagréable au Parti libéral en refusant de signer une formule, celle de la promesse de fidélité au parti. Pourtant il mérite la considération de Laurier qui a vu en lui le tempérament et l'intelligence des grands hommes politiques. Dès 1905, année de l'érection en provinces de la Saskatchewan et de l'Alberta, LaVergne se dissocie de la position de son parti sur les droits des minorités françaises de ces provinces.

L'année suivante, encore, il ose présenter une loi qui rendrait le français obligatoire dans les services de l'Etat ou d'utilité publique: billets de chemin de fer bilingues, timbres-poste bilingues, monnaie bilingue, etc. Aussitôt la presse canadienne-française se déchaîne: *La Presse* titre *Le jeune fou de Montmagny*. Incapable de convaincre suffisamment de députés canadiens-français de la nécessité d'un vote, il revient à la charge en 1908 en déposant une pétition de 1,700,000 signatures. Rien à faire: une opposition systématique et féroce viendra... surtout des députés canadiens-français. La population canadienne-française appuie massivement le jeune député au grand désespoir de l'élite politique. Laurier l'excommunie, le force à quitter le parti.

Qu'à cela ne tienne, LaVergne se tourne vers la scène provinciale et se fait élire avec une majorité accrue. Au même moment, Henri Bourassa bat le premier ministre Lomer Gouin dans Saint-Jacques. Pour la première fois depuis les débuts de la Confédération, la politique provinciale attire l'attention. Devant des galeries remplies à craquer, LaVergne fait passer à Québec la loi rejetée à Ottawa.

Et pourtant, en 1910, le mouvement nationaliste atteindra son apogée. L'enthousiasme, les discours enflammés seront ceux de Papineau. A défaut d'une conception claire des enjeux politiques, les leaders populaires s'enliseront dans des querelles qui les dresseront les uns contre les autres, incapables de se définir un minimum vital, un nombre restreint de lignes de force nécessaires pour assurer la réalisation d'un véritable projet politique. Pierre Bourgault sera probablement le dernier des grands tribuns révolutionnaires de notre histoire. René Lévesque, ou quelqu'un qui lui ressemble, le premier à assumer vraiment un pouvoir politique national.

En ces années où le gouvernement central était le seul lieu de décision, le rêve d'un Canada français *a mari usque ad mare* subsistant toujours, les porte-parole des Canadiens français devaient relever l'impossible défi de toute minorité parlementaire, quitte à se briser les os. La carrière de LaVergne tire à sa fin. Bourassa retourné à Ottawa, il reste seul au parlement provincial. Seul, il s'opposera à la participation canadienne à la première guerre mondiale, répondant en cela aux désirs profonds de la population canadienne-française.

Pourtant, c'est en 1917, en pleine guerre, qu'il subira sa première défaite, comme candidat libéral indépendant à Ottawa. Il n'y retournera qu'en 1930, comme député conservateur quand il acceptera la vice-présidence des Communes.

Comme Mercier, Laurier, Bourassa, LaVergne connaîtra une triste fin de carrière. Epuisés par ces combats incessants de minoritaires, toujours conscients de faire partie d'un peuple condamné à l'échec, incapables de compter sur une bourgeoisie nationale suffisamment autonome (ou affamée) pour revendiquer la souveraineté politique, jamais vraiment convaincus de la justesse de leurs positions, ces hommes lègueront aux générations ultérieures un héritage un peu hétéroclite de courage, d'abnégation, d'erreurs tactiques, de compromis malheureux, portrait assez fidèle du Canadien français entraîné malgré lui dans un marché commun où le Canadien anglais aurait le cheval et lui le lapin.

De toute façon, le coup de barre a été donné. Le rêve pan-canadien ne servira guère qu'aux rêveurs nostalgiques; la lutte contre l'impérialisme britannique et le Statut de Westminster en 1931 ne feront croire à personne que le Canadien français est tout à coup devenu maître chez lui. Ottawa n'est plus le lieu des grandes revendications nationales. Le timbre d'accise bilingue est introduit en 1923, le timbre-poste en 1927. Les ministres Bureau et Véniot, maîtres d'oeuvre de ces grandes victoires, ne semblent pas vouloir occuper une place importante dans notre panthéon des sauveurs de la nation.

Inconsciemment encore, le Canadien français a fait son choix pendant les années de crise économique. Le pouvoir anglo-saxon n'est plus tout-puissant. L'Etat-Providence se prépare à remplacer la minorité dominante comme principal moteur de la subsistance canadienne-française. En 1936, Maurice Duplessis voit tout le parti qu'il peut tirer de ce nationalisme encore confus, fonde l'Union nationale, joue légèrement des coudes, devient pre-

mier ministre et s'y maintiendra en prônant l'auto-
nomie de la province de Québec face à Ottawa.

La définition du territoire possible

La période duplessiste semble avoir été cette nécessaire période de gestation définitive où le Canadien français deviendra Québécois. De 1936 à 1960,
une sorte de consensus prendra forme, fruit de la
réduction nécessaire d'oppositions nombreuses et
séculaires. La volonté nationale doit se frayer un
chemin à travers les préoccupations quotidiennes:
le chômage sévit; les commerçants anglophones
ont enlevé de leurs vitrines les avis "French need
not to apply" mais les panneaux publicitaires invi-
tent le capitalisme américain à s'établir "Where la-
bor is cheap and docile". La ville a remplacé la
campagne comme principal lieu de travail mais le
Québec demeure une société rurale. Bien peu de
Canadiens français se sentent urbains dans leur
mode de vie. Exilés en ville, ils ne rêvent qu'à un
retour impossible sur la terre paternelle. Laissée à
elle-même, l'immense majorité ne s'intéresse qu'à
ce qui lui permettra de survivre au jour le jour; sans
chef, sans projet collectif accessible, où prendrait-
elle l'espoir de s'en sortir?

L'écart reste trop important entre les petits
groupes d'intellectuels, ces jeunes gens instruits qui
veulent un ordre nouveau, et la masse ouvrière ou
agricole. De nombreux groupes se forment: *l'Ac-*

tion nationale poursuit la tâche de *l'Action française* dès 1932. Autour d'André Laurendeau, les Jeunes-Canada revendiquent le respect des droits des Canadiens français. L'abbé Lionel Groulx atteint le statut d'historien national et assure la continuité de la vie nationale tant par ses travaux que par son rôle d'éveilleur de la conscience collective.

Désireux de doter la collectivité d'une pensée plus articulée, d'une philosophie sociale authentiquement canadienne-française, un groupe de réflexion s'organise et fonde l'Ecole sociale populaire en 1933. Leur programme: réforme du capitalisme; intervention de l'Etat en ce domaine; institution d'un Conseil économique; aménagement d'un ordre corporatif; législation sociale en faveur de la classe ouvrière; intervention des pouvoirs publics pour venir à bout du chômage; mesures de sécurité sociale: diminution des frais médicaux et des frais d'hospitalisation pour les familles dans le besoin; aide à l'agriculture familiale par la promotion de l'enseignement rural et des méthodes coopératives; développement méthodique de la colonisation; devoirs de l'Etat fédéral à l'égard des droits des provinces et de l'égalité des deux races; politique de collaboration économique internationale et collaboration pour l'avènement de la paix.

Mais il y a loin de la coupe aux lèvres. Un nouveau parti, l'Action libérale nationale, prétend en faire son programme politique mais trouve le moyen de s'allier au Parti conservateur et à son chef Maurice Duplessis qui prend rapidement le pouvoir et évince les propagateurs des idées nouvelles. Mais pour la première fois de leur histoire, les Canadiens français du Québec auront un chef politique qui sera autre chose qu'un porte-parole des volontés, désirs ou protestations collectives. On ne dira jamais assez le manque d'envergure de Maurice Duplessis, son étroitesse d'esprit et son maquignonnage constant. Mais ces défauts mêmes auront contribué à la redéfinition du territoire culturel des Canadiens français. Duplessis sent très bien que la volonté nationaliste de ses électeurs se satisfera d'une opposition constante avec Ottawa. Pendant quinze ans, il y établira son pouvoir. Pour la première fois, les Canadiens ont un chef national. Bien sûr, Papineau, Lafontaine et Laurier avaient plus de panache; mais ils n'étaient que des représentants, des délégués du peuple canadien devant le tout-puissant maître anglo-saxon. Duplessis a l'esprit assez lourd merci, mais il donne l'image unique du premier homme politique canadien-français qui parle de sa province comme un roi de son royaume.

De 1944 à 1959, année de sa mort, Duplessis s'attaquera constamment au gouvernement central d'Ottawa au point de faire de celui-ci l'ennemi juré des Canadiens français. Le gouvernement fédéral avait d'ailleurs couru après. N'avait-il pas obligé les provinces à lui céder une partie des prérogatives octroyées par la constitution pour défrayer le coût de l'effort de guerre? Ne s'était-il pas servi de cet argent pour envahir les champs de taxation, le monde du travail et de l'éducation en préparant des programmes de formation accélérée pour assurer la bonne marche des usines de guerre et des champs de bataille? Sans compter qu'il préparait déjà ses cours de recyclage pour les futurs anciens combattants!

Peu encline à l'étude des partages fiscaux entre les provinces et le gouvernement central, la population canadienne-française avait été à deux reprises forcée *manu militari* de défendre la liberté des autres et elle en gardait un souvenir cuisant. Duplessis se sait donc sur un terrain solide. Commencent alors les tenaces et insistantes revendications provinciales où le Québec fait bande à part, le Canada anglais ayant toujours considéré Ottawa comme son seul véritable gouvernement.

A court terme, les résultats seront assez minces, le pouvoir politique se mesurant en pièces sonnantes et trébuchantes. Ottawa ne refuse pas le dialogue mais garde ses points d'impôts. En 1954, le gouvernement provincial vote une loi établissant un impôt sur les revenus des particuliers, démontrant aux Québécois que leur gouvernement peut servir à autre chose qu'au patronage et à la réfection de bouts de chemins. L'enquête Tremblay sur les problèmes constitutionnels pose clairement toutes les questions de nature à éclaircir le projet collectif des Québécois... même si Duplessis veillera à ce que le rapport ne soit pas trop connu.

De la valeur symbolique du drapeau fleurdelisé (1948) à celle plus concrète de la double-taxation, le Québec aura mûri en ces quelques années d'après-guerre sa volonté d'une identité collective. A la mort de Duplessis, son successeur optera immédiatement pour une accélération du mouvement d'affirmation. Paul Sauvé sera emporté après cent jours de pouvoir politique mais son *Désormais* deviendra le premier signe de ralliement des Québécois déterminés à préparer la phase finale de leur évolution collective, l'indépendance politique.

L'Enseignement

93. La législature aura le droit exclusif de légiférer sur l'enseignement dans les limites et pour la population de la province, sous la réserve et en conformité des dispositions suivantes:

1. Ses lois ne devront aucunement porter préjudice aux droits ou avantages que la loi, au moment de l'union, conférera à une classe particulière de personnes relativement aux écoles confessionnelles;

2. Tous les pouvoirs, tous les droits et tous les devoirs que la loi, au moment de l'union, conférera ou imposera dans le

Haut-Canada aux écoles séparées et aux administrateurs des écoles des sujets catholiques romains de la Reine seront et sont par la présente loi étendus aux écoles dissidentes des sujets protestants et des sujets catholiques romains de Sa Majesté dans la province de Québec;

3. Quand, dans une province, un système d'écoles séparées ou dissidentes existera au moment de l'union en vertu de la loi ou sera subséquemment établi par la législature, il y aura appel au gouverneur général en conseil de toute loi ou de toute décision d'une autorité provinciale qui portera atteinte à quelque droit ou à quelque avantage de la minorité protestante ou catholique romaine de la Reine relativement à l'enseignement;

4. Si une législature néglige d'adopter une loi que le gouverneur général en conseil pourra, le cas échéant, juger nécessaire pour l'application des dispositions du présent article, ou si l'autorité provinciale compétente néglige d'exécuter une décision que le gouverneur général aura rendue en conseil à la suite d'un appel interjeté en vertu du présent article,

le parlement du Canada pourra, selon que les circonstances l'exigeront, adopter des lois remédiatrices propres à assurer l'exécution des dispositions du présent article ainsi que de toute décision que le gouverneur général aura rendue en conseil sous l'autorité du présent article.

III

CE QUE LA MESURE APPORTE
DE DISTINCTION

Le chapitre qui suit: des faits, des dates, des chiffres, des moyennes, des graphiques! L'arithmétique, le calcul, la règle de trois remplacent avec un petit air spartiate les mots et les phrases qui arrondissent les choses et les hommes.

Aligner des chiffres en châteaux de cartes, les faire trébucher d'un trait de crayon, les remêler et les faire rouler sur la feuille jusqu'à ce que la réalité saute aux yeux, voilà un plat qui se mange comme des "spare-ribs": jusqu'à l'os. Et cela vous a un petit air définitif, scientifique, sécueffediste même. Nos collègues de mathématiques nous pardonneront sans doute cette incursion dans leur domaine, surtout si nous les autorisons à nous rendre la pareille.

Après une interprétation passionnée du présent, après un exposé historique d'allure nationaliste, voici l'expression mathématique d'une réalité brutale et objective. Aucune interprétation, aucune introduction. Données parfois connues, parfois oubliées, parfois nouvelles, elles ne furent jamais, à notre connaissance, regroupées de cette façon.

Nous osons croire (ne pas lire à haute voix) que ce chapitre pourra alimenter les longues discussions-commentaires sur l'actualité nationale. Et notez qu'une statistique, un fait ou une citation bien placés vous assure un ascendant certain sur vos interlocuteurs.

Servez-vous donc généreusement dans ce troisième chapitre.

Loi de l'Amérique Britannique du Nord, 1867.

"133. Dans les chambres du parlement du Canada et les chambres de la Législature de Québec, l'usage de la langue française ou de la langue anglaise, dans les débats, sera facultatif; mais dans la rédaction des archives, procès-verbaux et journaux respectifs de ces chambres, l'usage de ces deux langues sera obligatoire; et dans toute plaidoirie ou pièce de procédure par-devant les tribunaux ou émanant des tribunaux du Canada qui seront établis sous l'autorité du présent acte, et par-devant tous les tribunaux ou émanant des tri-

> bunaux de Québec, il pourra être fait égale-
> ment usage, à faculté, de l'une ou de l'autre
> de ces langues.
>
> Les actes du parlement du Canada et de la
> Législature de Québec devront être imprimés
> et publiés dans ces deux langues.''

I. Le français, langue d'enseignement

A. *L'école française au Canada, en 1974*

1. en Colombie-Britannique:
   . 47,000 francophones;
   . 96,500 personnes d'origine française;
   . 58% de la population d'origine britannique;
   . 3 écoles... privées;
   . octrois fédéraux: aux anglophones pour apprendre le français!

2. en Alberta:
   . 40,000 francophones;
   . 95,000 personnes d'origine française;
   . 46% de la population d'origine britannique;
   . 1905: fermeture des écoles françaises séparées;
   . 3 écoles élémentaires;
   . 1 école secondaire;
   . 1 école bilingue;

. 50% des cours en anglais dès la 3e année et progressivement jusqu'à 100% à la fin du secondaire;
. 90% des octrois fédéraux: aux anglophones pour apprendre le français!

3. en Saskatchewan: "the sole language of instruction shall be English" déclare la loi de cette province du Canada — pays bilingue.
. 32,000 francophones, 1,000 ont choisi d'entrer dans le ghetto des "écoles désignées";
. 56,000 personnes d'origine française;
. 42% de la population d'origine britannique;
. 1905: fermeture des écoles françaises séparées;
. 13 "écoles désignées" où la permission spéciale est accordée d'enseigner certaines matières en français.

4. au Manitoba:
. 60,000 francophones;
. 86,500 personnes d'origine française;
. 42% de la population d'origine britannique;
. 1890: l'anglais devenait la seule langue d'enseignement après que le français et l'anglais eurent été en vigueur; les écoles françaises durent fermer leurs portes;
. quelques dizaines d'écoles, la plupart donnant la moitié des cours en anglais;
. 1 collège à St-Boniface;
. les octrois fédéraux? aucun contrôle.

5. en Ontario:
   . 500,000 francophones;
   . 737,000 personnes d'origine française;
   . 58% de la population d'origine britannique;
   . en 1913, on retirait aux francophones le droit de recevoir leur enseignement en français:
   . 145 écoles françaises doivent fermer leurs portes;
   . 314 écoles élémentaires;
   . 23 écoles secondaires;
   . 38 écoles partagées;
   .   4 collèges bilingues;
   .   2 universités bilingues: Sudbury et Ottawa; pas de véritable libre choix toutefois: tout est à la discrétion des "conseils scolaires", sorte de "commissions scolaires".

6. au Nouveau-Brunswick:
   . 220,000 francophones;
   . 235,000 personnes d'origine française;
   . 58% de la population d'origine britannique;
   . en 1871: fermeture des écoles séparées francophones;
   . 5 comtés à majorité francophone;
   . 3 comtés ont des écoles françaises;
   . ailleurs des écoles bilingues ou rien du tout: c'est laissé à la discrétion des commissions scolaires;
   . pas d'écoles techniques;
   . 4 collèges, 1 université, 1 sous-ministre;
   . cette province n'est pas bilingue; la loi adoptée

en chambre n'a jamais été sanctionnée.

7. en Nouvelle-Ecosse:
 . 40,000 francophones;
 . 80,000 personnes d'origine française;
 . 78% de la population d'origine britannique;
 . 30 écoles où récemment on a permis d'enseigner quelques cours en français;
 . 52% des subventions fédérales vont aux anglophones pour apprendre le français.

8. à l'Ile-du-Prince-Edouard:
 . 8,000 francophones;
 . 15,300 personnes d'origine française;
 . 83% de la population d'origine britannique;
 . en 1877: fermeture des écoles séparées francophones;
 . un seul comté (Prince) où on donne quelques éléments de français durant les 3 premières années du primaire; on lutte actuellement pour que ces cours soient donnés par des francophones!

9. à Terre-Neuve:
 . 4,000 francophones;
 . 15,500 personnes d'origine française;
 . 93% de la population d'origine britannique;
 . rien!

10. au Québec:
 . 800,000 anglophones, 13% de la population;
 . 630,000 sont unilingues!

. tous peuvent être instruits en anglais, de Sept-Iles à Val-d'Or en passant par St-Hyacinthe;

. les anglophones ont *leur* réseau scolaire de la maternelle à l'Université, y compris des structures administratives complètes et de grasses subventions provinciales.

Sources multiples: article paru dans *la Presse* (1er juin 1974), *l'Annuaire du Québec, les positions ethniques linguistiques et religieuses des Canadiens français à la suite du recensement de 1971 (*Richard Arès), etc.

B. *La connaissance linguistique des élèves au Canada et au Québec*

Connaissance linguistique

Année d'études	6e	7e	8e	9e	10e	11e	12e	13e	année multip
Québec									
Anglais seulement	36.1	18.2	13.3	9.2	5.9	6.5	0.3	0.0	11.3
Français seulement	47.2	56.4	60.9	65.1	62.2	51.4	50.2	64.1	59.1
Les deux	16.3	25.0	25.2	25.4	31.4	41.9	49.5	35.9	29.0
Ni l'un ni l'autre	0.4	0.4	0.6	0.3	0.5	0.2	0.0	0.0	0.6
Canada (Sans le Québec)									
Anglais seulement	90.6	80.5	82.4	77.9	72.3	68.8	74.8	68.1	71.0
Français seulement	3.8	9.9	7.7	10.1	11.9	10.7	5.0	0.9	14.3
Les deux	5.3	9.3	9.6	11.7	15.4	20.3	19.9	30.9	14.3
Ni l'un ni l'autre	0.3	0.3	0.3	0.3	0.4	0.2	0.3	0.1	0.4

Source: Statistique Canada, division de l'Education (81-001)

Annuaire du Québec, 1973, p. 333.

La clientèle scolaire au Québec en 1971-72 dans les deux secteurs d'enseignement

egré	Français	Anglais	Autres	Total
Maternelle	88,430	15,896	61	104,387
Élémentaire	721,295	136,707	131	858,133
Secondaire				
Général	513,830	100,044	-	613,849
Métiers	36,178	2,707	-	38,885
Init. au travail	17,547	636	-	18,183
Total: secondaire	567,530	103,387	-	670,917
Collégial				
Général	41,246	8,689	-	49,935
Professionnel	36,923	3,584	-	40,507
Total: collégial	78,169	12,273	-	90,442
Enfance inadaptée	52,896	7,796	-	60,692
TOTAL	1,455,424	268,263	192	1,723,879

Annuaire du Québec, 1973, p. 333

D. Les Néo-Québécois à la C.E.C.M.

Répartition des enfants néo-québécois dans les
classes de la C.E.C.M.: 1931-1963

Années	Classes françaises	%	Classes anglaises	%	Tota
1931-37	3,965	52.3	3,608	47.7	757
1938-39	3,495	42.6	4,723	57.4	821
1947-48	1,767	33.5	3,510	69.4	527
1955-56	3,921	30.6	8,866	69.4	12,78
1962-63	6,554	25.3	19.291	74.7	25,84

le Devoir du 8 février 1969

E. L'origine ethnique des enfants des écoles anglaises publiques de Montréal

1. écoles catholiques:

    16% sont de langue maternelle anglaise;
    10% sont de langue maternelle française;
    74% sont d'une autre langue maternelle.

2. écoles protestantes:

    40% sont de langue maternelle anglaise;
    4 % sont de langue maternelle française;
    56% sont d'une autre langue maternelle.

F. De plus, saviez-vous que...

1. 83% des étudiants anglophones de la C.E.C.M. ne sont pas de langue maternelle anglaise?

2. en septembre 1974, dans les classes anglaises de la C.E.C.M., il y avait 6,976 élèves de langue anglaise, 4,176 élèves de langue française et 31,569 élèves allophones?

3. 92% des Néo-Québécois inscrits à la C.E.C.M. fréquentent le secteur anglophone?

4. dans un sondage rapide de *la Presse*, 80% des parents d'enfants ayant déclaré parler anglais à la maison ne savaient pas s'exprimer en anglais au téléphone?

5. sur 1,038 élèves refusés au secteur anglais de la C.E.C.M., 353 seulement se retrouvent dans les classes françaises?

6. en 71-72, sur 65,105 enfants allophones, 55,490 étudient en anglais (86.8%) et 9,270 en français (14.2%)?

7. 96% des étudiants francophones du Québec sont de langue maternelle française?

8. 25% des étudiants anglophones du Québec sont de langue maternelle anglaise?

9. il y a actuellement, pour les immigrants, 117 classes d'accueil au niveau de la maternelle et de

10. la pré-maternelle et 108 au niveau primaire? en 1973-74, pour un jeune Italien qui va à l'école française, il y en a 19 qui vont à l'école anglaise?

11. 35% des étudiants protestants anglophones de Montréal de 7e année et 25% du niveau de la maternelle, étudient le français?

12. 80% de leurs enseignants francophones ne sont pas des Québécois?

13. de 1970 à 1973, 13,600 élèves passaient du secteur francophone au secteur anglophone, grâce à la loi 63?

14. en juin 1975, à la C.E.C.M., seulement 8%des Néo-Québécois avaient été empêchés par la loi 22 de fréquenter l'école anglaise?

15. en 1972, il y avait plus de 25,000 francophones dans les écoles anglaises du Québec C'était la population de la ville de St-Hyacinthe!

16. à la fin de 1972, respectivement 43% et 54% des élèves anglophones de Québec et de Trois-Rivières étaient francophones?

17. au collège Dawson, environ 95% des élèves ne sont pas de langues maternelle anglaise?

18. en 1974-75 la part des subventions aux Universités anglophones est passée de 25% à 28%?

19. sur 325 écoles de la C.E.C.M., 68 sont occupées à moins de 60%?

20. en 1913, 145 écoles françaises en Ontario durent abandonner l'enseignement du français suite au règlement 17 interdisant l'enseignement d'une autre langue maternelle que l'anglais?

21. les élèves de langue maternelle anglaise sont passés mystérieusement de 16.3% à 29% du secteur anglais en quelques mois, dès l'appli-

204

cation de la loi 22?

22. il y a 60,000 analphabètes dans la région de Montréal?

23. de 1972 à 1977 (prévision), le secteur collégial privé est passé de 9,875 étudiants à 15,000 étudiants (53%)?

24. depuis 1967 le nombre des institutions privées d'enseignement secondaire est passé de 73 à 102 et le nombre d'élèves de 27,000 à 48,000 (78%)?

25. dans Outremont, 45% des élèves de niveau secondaire sont au secteur privé?

26. dans Ste-Foy, entre 1971 et 1974, le nombre d'élèves au secondaire privé a augmenté de 33%?

27. en 1973-74, il y avait 91 institutions privées:
    . 8 n'admettent que les "forts";
    . 6 que les moyens;
    . 6 que les allégés;
    . 61 que les forts et les moyens?

II. Travailler et vivre en français

A. Centres de décision, salaires et milieux de travail

	francophones	anglophones
	%	%
1. main-d'oeuvre à Montréal	60	40

2. main-d'oeuvre dans
   le reste du Québec   85   15
3. directorats   13   86
4. haute administration   14   86
5. gagnant $15,000
   et moins   75   25
6. gagnant $15,000
   et plus   23   77
7. milieux de travail   10   58
   (dont 34% bilingues)

Enquête Morrison, publiée par la commission B.B. ''Telle était la situation en 1965. Nous doutons qu'elle ait tellement changé'' (Claude Ryan, le 8 mars 1971).

B. Revenu moyen des salariés masculins au Québec selon l'origine ethnique en 1961

Origine Ethnique	Dollars	Indice
Moyenne	3,469.	100.
Britannique	4,940.	142.4
Scandinave	4,939.	142.4
Hollandaise	4,891.	140.9
Juive	4,851.	139.2
Russe	4,828.	
Allemande	4,254.	122.6
Polonaise	3,984.	114.8
Asiatique	3,734.	107.6

Ukrainienne	3,733.	107.6
Autres (Européenne)	3,547.	102.4
Hongroise	3,537.	101.9
Française	3,185.	91.8
Italienne	2,938.	84.6
Indienne	2,112.	60.8

Recensement du Canada, 1961.

Tableau apparaissant dans le Rapport de la Commission d'enquête sur le Biculturalisme et le Bilinguisme; reproduit dans *la Presse* du 26 octobre 1968.

C. *Accroissement annuel du salaire (en $) selon le niveau de scolarité et l'origine ethnique au Canada, en 1961*

Niveaux de scolarité	Britanniques	Italiens	Juifs	Français
Secondaire I et II	624	983	386	422
Secondaire III à V	1,464	1,273	1,282	1,012
Université	4,007	3,695	4,171	3,290

la Presse du 26 octobre 1968

D. *Les salaires selon le groupe linguistique*

1) Au Québec (sauf Montréal)

Niveau de salaire $	Nombre	Groupe linguistique		
		Franco.	Anglo.	Total
Tous les salariés	4,342	70	30	100
5,000 à 6,499	1,704	82	18	100
6,500 à 7,999	1,309	76	24	100
8,000 à 9,999	773	61	39	100
10,000 à 11,999	266	42	58	100
12,000 à 14,999	158	35	65	100
15,000 et plus	132	23	77	100

2) A Montréal

Niveau de salaire $	Nombre	Groupe linguistique		
		Franco.	Anglo.	Total
Tous les salariés	7,613	37	63	100
5,000 à 6,499	2,655	49	51	100
6,500 à 7,999	1,946	41	59	100
8,000 à 9,999	1,337	27	73	100
10,000 à 11,999	593	23	77	100
12,000 à 14,999	557	17	83	100
15,000 et plus	525	17	83	100

Source: Morrisson, *Large Manufacturing Firms.*

E. *Les industries francophonisables du Québec*

. Classement selon plusieurs critères dont:

. le marché québécois ou extérieur au Québec;
. l'importance des matières premières importées;
. l'intérêt à bénéficier des bas salaires québécois;
. etc.

. l'ordre va des industries facilement francophonisables aux industries difficilement francophonisables.

Catégorie 1: Boisson, construction, commerce, transport et communications, électricité, finances, services divers, papier, mines et carrières.

Catégorie 2: Bois, meuble, produits métalliques, alimentation, dérivés du pétrole et du charbon.

Catégorie 3: Impression et édition, produits minéraux non métalliques, manufactures, caoutchouc, métallurgie primaire, matériel électrique.

Catégorie 4: Cuir, tabac, produits chimiques, machinerie, textile, bonneterie, vêtements.

Extrait adapté de *l'Utilisation du français comme langue de travail au Québec: possibilités et contraintes économiques*, Etude E 22 réalisée pour le compte de la commission Gendron, Editeur officiel du Québec, 1973, pp. 41 et 54-84

F.   %   d'utilisation du français selon les types d'industries

Type d'industrie manufacturière	Francophones %
Alimentation	89
Tabac	69
Caoutchouc	93
Cuir	86
Textile	93
Bonneterie	72
Vêtement	88
Bois	94
Meuble	90
Papier	91
Imprimerie	72
Métal primaire	87
Produits métalliques	77
Machinerie	73
Matériel	69
Produits électriques	62
Matériaux non métalliques	93
Pétrole et charbon	65
Produits chimiques	86
Divers	87

La situation de la langue française au Québec, Rapport Gendron, tableau I, 14.

Remarque: si on compare ce tableau à la catégorisation du tableau précédent, on s'aperçoit que la francisation est facile là où l'on parle déjà français et difficile là où l'on parle déjà l'anglais!

G. *Langue exigée et langue préférée lors d'un premier emploi*

a) Langue exigée:

Langue préférée

Groupes linguistiques

	Français	Anglais	Les deux	Total
Francophones	68.6	3.4	28.0	100
Anglophones	3.0	78.8	18.2	100
Autres	16.0	54.3	29.7	100
Francophones de Montréal	54.2	5.5	40.3	100

Idem, Tableau I, 54

b) Langue préférée:

Langue préférée

Groupes linguistiques

	Français	Anglais	Les deux	Total
Francophones	81.1	5.2	13.7	100
Anglophones	1.6	88.9	9.5	100
Autres	21.3	55.7	23.0	100
Francophones de Montréal	73.0	8.0	19.0	100

Idem, Tableau I, 55

H. % de francophones, d'anglophones et d'allophones par tâche de travail en janvier 1971

Tâches	Francophones			Anglo.	Autres
	Montréal	Province	Total	Total	Total
Ecrite et orale	36.3	24.6	29.2	50.7	26
Ecrite	13.0	10.1	11.0	18.7	11.4
Orale	9.1	8.2	8.5	8.0	7.4
Manuelle et écrite	3.4	5.2	4.4	3.6	3.5
Manuelle et orale	10.2	9.6	9.9	5.3	8.7
Manuelle	28.0	42.3	37.0	13.7	43.
TOTAL	100	100	100	100	100

Idem, Tableau I, 39

Remarques: . francophones de Montréal et allophones sont dans des
situations comparables;
. il faut souligner l'importance des tâches manuelles chez
ces groupes.

I. La difficulté à se faire servir dans sa langue maternelle au Québec selon la scolarité et les situations:

Oui, j'ai eu de la difficulté	Francophones				Anglophones			
	0-9	10-12	13	Total %	0-9	10-12	13	Total %
en faisant affaire avec une banque	20	10	21	17	*	22	22	17
dans un restaurant ou un magasin	61	62	89	70	44	79	43	57
dans mon travail quotidien	35	49	52	46	—	14	2	6

*Moins de 1%

Idem, Tableau II, 4

J. Parler et écouter en français mais lire et écrire en anglais.

Pourcentage global et pourcentage moyen du français par activité de communication pour l'ensemble des ouvriers francophones.

Pourcentage pour chacune des activités	Pourcentage général 90%	Activités de communication	Ecart entre les pourcentages
Rédiger des textes pour l'extérieur		67	23
Rédiger des textes internes particuliers		59	31
Rédiger des textes internes généraux		61	29
Lire des documents divers		46	44
Lire des textes internes particuliers		56	34
Lire des textes internes généraux		54	36
Lire des textes en provenance de l'extérieur		58	32
Remplir des formulaires		71	29

Idem, Tableau I, 10

K. De plus saviez-vous que...

1. 37%   des postes de cadre supérieur du Québec sont proposés à des unilingues anglais?
2. en 1971, il y avait 80,000 cadres au Québec; 50%

étaient anglophones et un tiers de ces derniers étaient unilingues?

3. le coût de la "bilinguisation" des unilingues anglais serait d'environ 7 millions de dollars pour un programme de deux ans (Rappel: les Jeux olympiques coûteront 1 milliard 200 millions)?

4. à la compagnie Domtar, on ne parle pas le français:

. chez 66% des directeurs;
. chez 56% du personnel de direction;
. chez 49% des cadres moyens;
. chez 39% des employés de bureau;
. chez 40% des contremaîtres et surveillants;
. chez 27% des journaliers?

5. à âge égal et instruction égale, le Canadien français gagne 80% du salaire du Canadien anglais?

6. 72% des employés de sièges sociaux de Montréal sont anglophones?

7. au 30 juin 1974, il y avait au Québec 991 coopératives, 1,260 caisses populaires, 175 caisses d'économie, etc.?

8. durant les six premiers mois de 1975, les Québé-

cois francophones de la C.U.M. n'ont acquis que 30% des biens fonciers et que le coût moyen de leur propriété est de $35,670 contre $69,188 pour les autres groupes?

III. La situation démographique des francophones (1)

A. La population du Québec et la population canadienne

Notre population augmente maintenant moins vite que celle de l'Ontario et de toute autre province.

% dans la population canadienne.

Année	Québec	Ontario
1931	27.7	33.1
1951	28.9	32.8
1971	27.9	35.7
2001 (prévisions optimistes)	24.9	39.1

(1) D'après Richard Arès, *Les positions ethniques linguistiques et religieuses des Canadiens français à la suite du recensement de 1971*, Montréal, Les éd. Bellarmin, 1975.

Conséquences:

. perdre un certain nombre de députés à Ottawa;
. perdre éventuellement un droit de veto à toute
  modification de la Constitution.

Causes:

. faibles taux de naissance: par mille personnes:
  1961: 26.1
  1972: 14.0

. faible taux d'immigration: en 1972:
  Québec: 15.7
  Ontario: 52.3

. taux élevé de migrations
  1970: 23,000 immigrants

        57,000 émigrants

        -34,000 de déficit

. faible taux d'accroissement naturel
  1961: tx x 1,000: 19.1
  1972: tx x 1,000: 6.9

*B. Où se trouvent les gens d'origine française dans
    les autres provinces?*

. à l'Ile-du-Prince-Edouard, dans le comté de Prince, on retrouve une population d'origine française à 23% (9,875 personnes);

- en Nouvelle-Ecosse, où il y a 18 comtés, on retrouve la population d'origine française dans les
comtés de Halifax (22,000), Cap-Breton(10,200),
Yarmouth (40%) et Richmond (52%);

- au Nouveau-Brunswick, où il y a 15 comtés, on
retrouve la population d'origine française dans
Madawaska (92.7%), Gloucester (83.5%), Kent
(81.8%), Restigouche (64.6%), Wesmorland où
est Moncton, 43% ; dans Moncton (40%), c'est-
à-dire 18,160;

- en Ontario, on retrouve la population d'origine
française dans les comtés de Russel (84%), Pres-
cott (81% ; 22,600), Glengarry (52.5%), Stow-
mont (44% ; 27,200), Carleton-Ottawa (25% ;
117,500), Sudbury (73,500), Toronto 72,000),
Essex (58,900), Cochrane (50,000), Nipissing
(32,000);

- au Manitoba, on la retrouve surtout à Winnipeg
où elle est au 5e rang et à St-Boniface où elle est
encore le premier groupe en importance mais
suivi de très près par le groupe britannique;

- en Saskatchewan, le groupe français arrive au
cinquième rang, et le groupe allemand est trois
fois plus nombreux que lui;

Quand le Manitoba se fait passer un Québec

Loi du Manitoba, 1870.

"23. L'usage de la langue française ou de la langue anglaise sera facultatif dans les débats des Chambres de la législature; mais dans la rédaction des archives, procès-verbaux et journaux respectifs de ces chambres, l'usage de ces deux langues sera obligatoire; et dans toute plaidoirie ou pièce de procédure par-devant les tribunaux ou émanant des tribunaux du Canada, qui sont établis sous l'autorité de "l'Acte de l'Amérique Britannique du Nord, 1867", et par-devant tous les tribunaux ou émanant des tribunaux de la province, il pourra être également fait usage, à faculté, de l'une ou de l'autre de ces langues. Les actes de la législature seront imprimés et publiés dans ces deux langues."

Clause de l'entente Laurier-Greenway qui servit de base au texte supprimé par la loi Thornton, au Manitoba, 1895.

"10°. Dans les écoles où il y aura dix élèves dont le français (ou toute autre langue à part l'anglaise) sera la langue maternelle, l'enseignement sera donné à ces élèves en français (ou toute autre langue maternelle) et en anglais d'après le système bilingue."

La colonisation au Manitoba

*Circulaire privée au clergé
de toute la province ecclésiastique de Québec*
Archevêché de Québec,
23 octobre 1871.

Monsieur le Curé,

Au milieu des questions importantes, qui font l'objet des préoccupations des Evêques de la Province Ecclésiastique de Québec pendant leur réunion, il en est une sur laquelle ils veulent attirer votre attention avant même de se séparer. Cette question que l'on peut appeler vitale à cause de ses immenses conséquences sur notre état social et religieux, est la question de la colonisation. Nous ne pouvons que gémir à la vue du grand nombre de nos compatriotes qui désertent journellement le foyer domestique et la terre natale pour aller demander à la prospérité de nos voisins un bien-être, qu'il nous semble pourtant possible de trouver ici, au milieu des avantages nombreux, que la Providence a départis à notre chère patrie. Votre coeur comme le nôtre ressent tout ce que cet état de choses a de pénible; aussi nous n'avons pas besoin d'insister pour faire comprendre nos trop justes regrets à cet égard. Notre unique but, dans cette lettre col-

lective, est d'encourager votre zèle, au milieu
des efforts qu'il faut pour s'opposer à ce tor-
rent d'émigration qui prive la patrie des bras
et de l'intelligence d'un grand nombre de ses
enfants.

Le remède efficace à ce mal ne peut se trouver que dans le succès qui couronnera les tentatives faites pour rappeler et retenir dans les
différentes provinces de la Confédération
Canadienne ceux de nos compatriotes, que la
nécessité ou l'amour du changement ont poussés ou poussent encore vers la terre étrangère.

Le résultat obtenu par les sociétés de colonisation nous remplit de joie et de consolation
et nous permet d'espérer qu'un jour notre beau
pays sera tout occupé par ses propres enfants
et que les Canadiens n'auront point le regret
d'avoir privé leurs descendants de la terre que
la Providence leur avait destinée. Que tous les
Canadiens continuent cette noble et patrioti-
que oeuvre de la colonisation de nos terres
inoccupées. Les sacrifices faits dans ce but ne
peuvent qu'attirer la bénédiction du ciel.

Notre jeune pays n'est pas renfermé dans
des limites assez étroites pour qu'il soit nécessaire de l'abandonner. Plus que jamais d'immenses étendues de terrain s'offrent à notre
population dans les limites même de la patrie.
L'acquisition du territoire du Nord-Ouest, la
création de la Province de Manitoba, offrent

un avantage réel à ceux qui n'aiment pas le défrichement des terrains boisés et qui pourtant voudraient s'éloigner de la paroisse qu'ils habitent. Il n'est pas nécessaire de passer la frontière Canadienne pour trouver les riches prairies de l'Ouest.

Notre pensée n'est pas de demander aux paisibles et heureux habitants de la Province de Québec, de changer une position certaine et avantageuse pour les incertitudes et les risques d'une émigration lointaine, mais s'il en est auxquels il faut un changement et auxquels il répugne de s'imposer les rudes labeurs de bûcherons, à ceux-là, Monsieur le Curé, veuillez bien indiquer la Province de Manitaba.

Un octroi gratuit de 160 acres de bonne terre de prairie, est promis par le gouvernement à tout homme de 21 ans qui voudra aller se fixer dans ces nouvelles contrées.

Ces contrées si nouvelles pour les individus, ne le sont pas pour le Canada. C'est l'énergie de nos pères qui les a découvertes: c'est le zèle de nos missionnaires qui les a régénérés et préparées à l'ère de prospérité qui semble les attendre. Ces contrées lointaines ne sont donc pas la terre étrangère. Environ la moitié de la population y parle le Français et est d'origine Canadienne; en sorte que de toutes les paroisses on est certain d'y trouver des parents ou au moins des amis.

Dans cette nouvelle Province il y a un collège où les garçons peuvent recevoir une éducation soignée; des couvents où les filles puisent l'instruction qui leur est prodiguée en Canada. Les Missionnaires, trop heureux du renfort qu'ils recevront pas cette migration, étendront volontiers aux nouveaux venus, l'affection qui les anime envers leurs ouailles actuelles. En colonisant une partie de Manitoba, les Canadiens français s'assurent dans la législature fédérale l'équilibre qu'ils y possèdent aujourd'hui, et qu'ils perdront nécessairement s'ils ne sont point en nombre dans Manitoba et le territoire du Nord-Ouest. Nous considérons donc, Monsieur le Curé, comme chose bonne et désirable, l'établissement de quelques-uns des nôtres dans ces régions et nous verrions avec plaisir qu'il se fît quelque chose dans ce sens; si par exemple, entre deux ou trois paroisses, on pouvait assurer le concours d'une famille honnête, chrétienne et laborieuse qui irait former dans le Nord-Ouest une population comme celle qui est venue, il y a deux siècles, jeter les fondements de notre nationalité en Canada.

Vous apprendrez dans la première partie de l'hiver, par les journaux, ce que le gouvernement doit faire pour faciliter le transport et l'établissement des colons de Manitoba: nous vous écrivons aujourd'hui afin que vous connaissiez notre intention à ce sujet et que, si l'occasion se présente, vous puissiez diriger de ce côté ceux qui voudraient émigrer.

Par cette émigration d'un genre nouveau, nos compatriotes ne se sépareront pas de nous; ils resteront Canadiens, soumis à nos institutions religieuses et civiles, dans un milieu où leur foi ne sera pas exposée, où au contraire, ils aideront à faire luire ce divin flambeau, au milieu des vastes déserts de l'Ouest, qui n'ont été découverts par nos pères que dans une pensée toute de foi.

† E. A., Arch. de Québec.
† Ig., Ev. de Montréal.
† Jos. Eugène, Ev. d'Ottawa.
† Alex., Ev. de St-Boniface, O.M.I.
† C., Ev. de St-Hyacinthe.
† L. F., Ev. des Trois-Rivières.
† Jean, Ev. de St-G. de Rimouski.

. en Alberta, la situation est identique à celle de la Saskatchewan; on retrouve la population d'origine française surtout dans la région de Rivière-la-Paix;

. en Colombie-Britannique, situation semblable, mais progression en %; 50% de cette population se retrouve à Vancouver.

C. Le français au Canada

1. Selon l'origine ethnique (o.e.)

a. Depuis 10 ans:

- . augmentation des Britanniques;
- . baisse des Français;
- . augmentation des Allemands, Italiens et Ukrainiens.

Origine	1961%	1971%
Britannique	43.8	44.6
Française	30.4	28.7
Allemande	5.8	6.1
Italienne	2.5	3.4
Ukrainienne	2.6	2.7

b. Depuis 100 ans, notre % d'augmentation n'a jajamais été si faible:

1901: 26.9%		1941:	18.9
1911: 25.0		1951:	24.0
1921: 19.3		1961:	28.3
1931: 19.3		1971:	11.5

c. En 1971, il y avait 6,180,120 Canadiens d'origine française.

d.   Répartition de la population d'origine française
     par province.

Province	1961%	1971%	1971 (n)
Québec	76.1	77.0	4,759,360
Ontario	12.1	11.9	737,360
Nouveau-Brunswick	4.2	3.8	235,025
C.-Britannique	1.2	1.6	96,550
Alberta	1.3	1.5	94,650
Manitoba	1.4	1.4	86,510
N.-Ecosse	1.6	1.3	80,215
Saskatchewan	1.1	0.9	56,200
T.-Neuve	0.3	0.2	15,325
Y. et T.-N.-O.	—	—	3,505

Remarque: augmentation au Québec, en Alberta
           et surtout en C.-B. qui est passée du
           7ème rang au 4ème rang en 10 ans.

e.   % de la population d'origine française dans cha-
     que province.

Province	1951	chute	1961	chute	1971
Québec	81.9	x	80.6	x	79.0
N.-B.	38.3		38.8	x	37.1
I.-P.-E.	15.7		16.6	x	13.7
N.-E.	11.5		11.9	x	10.2
Ontario	10.4		10.4	x	9.6
Manitoba	8.5		9.1	x	8.8
Sask.	6.2		6.5	x	6.1

Alberta	6.0	6.3	x	5.8
C.-B.	3.6	4.1		4.4
T.-N.	2.7	3.8	x	2.9

Remarque: une seule province a connu une augmentation continue: la Colombie-Britannique; même le Québec a connu une baisse;

huit provinces accusent une chute entre 1961 et 1971;

une seule entre 1951 et 1961, et entre 1961 et 1971: le Québec.

2. En tant que langue officielle (l.o.)

a) Ne connaissent	en 1961	en 1971
que l'anglais	67.4	67.1
que le français	19.1	18.0
les deux	12.2	13.4
aucun des deux	1.3	1.5

Remarques:

. augmentation des bilingues
. diminution des unilingues

b) Connaissent	en 1961	en 1971
l'anglais	79.6	80.5
le français	31.3	31.4

c) Ignorent

l'anglais	20.4	19.5
le français	68.7	68.6

Remarques:

. près de 7/10 de la population canadienne ignore l'une de ses deux langues officielles, le français;

. le bilinguisme n'est pas chose faite!

d) où sont les bilingues?

au Québec: 57.4%
en Ontario: 24.7
au N.-B.: 4.7
en C.-B.: 3.5
autres
provinces: 9.7

Remarque :

87% des bilingues sont dans les provinces où les francophones sont en grand nombre.

3. En tant que langue maternelle (l.m.)

a) importance:	1971
l'anglais	60.2
le français	26.9
les autres	12.9

b) origine ethnique et langue maternelle

	Brit. (anglais)	Français (français)
origine ethnique	44.6	28.7
langue maternelle	60.2	26.9

Remarques:

. l'anglais devient la langue maternelle de bien des citoyens qui ne sont pas d'origine britannique ;
. bien des gens d'origine française ne parlent plus le français.

c) les francophones de langue maternelle au Québec et ailleurs (en %):

	au Québec	reste du Canada
1931	80.9	19.1
1941	81.0	19.0
1951	82.3	17.7
1961	83.3	16.7
1971	84.0	16.0

Remarques:

. augmentation constante au Québec;
. baisse constante dans le reste du Canada .

4. En tant que langue d'usage (l. d'u.)

a) par rapport aux autres langues et en comparaison avec l'origine ethnique et la langue maternelle (en %):

	o.e.	l.m.	l. d'u.
l'anglais	44.6	60.2	67.0
le français	28.7	26.9	25.7
les autres	26.7	12.9	7.3

Remarques:

. place privilégiée de l'anglais
. place inconfortable du français.

b) situation du français au Québec par rapport au reste du Canada (en %):

	o.e.	l.m.	l. d'u.
Québec	77.0	84.0	87.8
Autres provinces	23.0	16.9	12.2

Remarques:

. place privilégiée du français au Québec;
. place inconfortable du français dans le reste du Canada;
. le Québec est la seule province où la population de langue maternelle française dépasse celle d'origine ethnique française.

5. par rapport à la population de chaque province (en %)

	o.brit.	o.fr.	l.m.fr.	l.d'u.fr.
T.-N.	93.0	2.9	0.7	0.4
I.-P.-E.	82.7	13.7	6.6	4.0
N.-E.	77.5	10.2	5.0	3.6
N.-B.	57.6	38.8	34.0	31.4
Ont.	59.4	9.6	6.3	4.6
Man.	41.9	8.8	6.1	3.9
Sask.	42.1	6.1	3.4	1.7
Alb.	46.7	5.8	2.8	1.4
C.-B.	57.9	4.4	1.8	0.5

6. par rapport à la population d'origine française de chaque province (en %)

	l.mat.		l.d'u.		l.off.		
	fr.	angl.	fr.	angl.	fr.	angl.	bil.
T.-N.	19.6	80.3	13.1	89.6	25.9	74.1	22.8
I.-P.-E.	44.0	54.6	27.5	72.5	52.1	47.9	47.9
N.-E.	45.9	53.8	32.2	67.7	51.8	48.2	46.7
N.-B.	87.6	12.3	81.6	18.3	90.9	9.2	48.9
Ont.	60.1	39.3	44.6	55.1	67.5	32.5	55.9
Man.	63.4	35.4	42.6	56.9	69.2	33.0	64.0
Sask.	51.1	47.3	26.2	73.4	56.6	43.3	53.7
Alb.	44.2	54.1	22.2	77.4	49.9	49.9	47.0
C.-B.	33.3	65.4	10.0	89.8	40.3	59.7	39.0

Remarques:

. plus on est loin du Québec et du Nouveau-Brunswick, plus le français est anglicisé;

. et c'est vrai pour la langue maternelle, la langue d'usage, les langues officielles et le bilinguisme.

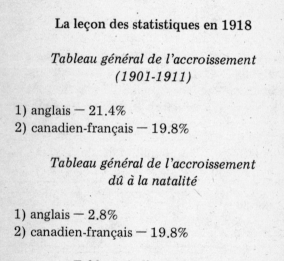

La leçon des statistiques en 1918

*Tableau général de l'accroissement
(1901-1911)*

1) anglais — 21.4%
2) canadien-français — 19.8%

*Tableau général de l'accroissement
dû à la natalité*

1) anglais — 2.8%
2) canadien-français — 19.8%

*Tableau de l'accroissement
dû à l'immigration*

1) anglais — 18.6%
2) canadien-français — 0

l'Almanach de la langue française, 1918, p. 95

Le règlement XVII
adopté par l'Ontario en août 1913
devenu loi en 1915 et abrogé en 1927

Ecoles publiques et séparées
anglo-françaises

Circulaire d'instructions

I. Il n'y a que deux catégories d'écoles primaires dans l'Ontario: les écoles publiques et les écoles séparées; mais comme indication usuelle, la désignation "anglo-française" s'applique aux écoles des deux catégories que le ministre soumet, chaque année, à l'inspection déterminée par l'Art. V ci-dessous, et dans lesquelles le français sert de langue d'enseignement et de communication, avec les restrictions indiquées au paragraphe 1 de l'Art. III.

II. Les règlements et programmes d'études prescrits pour les écoles publiques, compatibles avec les dispositions de la présente circulaire, seront désormais en vigueur dans les écoles anglo-françaises publiques et séparées avec les modifications suivantes: les règlements applicables à l'instruction et aux exercices religieux dans les écoles publiques ne s'appliquent pas aux écoles séparées; les conseils d'écoles séparées peuvent substituer les Canadian Catholic Readers aux manuels des écoles publiques d'Ontario.

III. Sous réserve, pour chaque école, de la direction et de l'approbation données par l'inspecteur en chef, le cours d'études des écoles publiques et séparées sera modifié comme suit:

Emploi du français comme langue d'enseignement et de communication

1) Lorsqu'il y a nécessité pour les élèves de langue française, le français peut être employé comme langue d'enseignement et de communication; mais cet usage ne se prolongera pas au-delà du premier cours, sauf que, sur approbation de l'inspecteur en chef, le français pourra aussi servir comme langue d'enseignement et de communication pour les élèves des cours supérieurs au premier qui sont incapables de parler et de comprendre l'anglais.

Classes spéciales d'anglais pour les élèves de langue française

2) Le dispositif suivant s'appliquera désormais aux élèves de langue française qui sont incapables de comprendre et de parler l'anglais suffisamment pour les fins de l'enseignement et des communications.

a) Dès que l'élève entre à l'école, il doit être mis à l'étude et à la pratique de la langue anglaise;

NOTE. Le département de l'Instruction Publique a fait distribuer dans les écoles un manuel indiquant la méthode d'enseigner l'anglais aux enfants de langue française. Ce manuel doit être employé dans toutes les écoles. Au besoin, on peut s'en procurer des copies en s'adressant au sous-ministre.

b) Dès que l'élève a acquis une connaissance suffisante de l'anglais, il doit poursuivre dans cette langue le programme d'études prescrit pour les écoles publiques et séparées.

Enseignement du français dans les écoles publiques et séparées

IV. Dans les écoles où le français a été jusqu'ici enseigné, le Conseil de l'école publique ou séparée, selon le cas, peut, aux conditions ci-dessous, faire enseigner la lecture, la grammaire et la composition françaises, durant les quatre premiers cours (voir aussi les dispositifs du paragraphe 5 du Règlement XIV pour le cinquième cours des écoles publiques), comme matières supplémentaires du programme des écoles publiques et séparées.

1) Cet enseignement du français ne peut être donné qu'aux élèves dont les parents ou les tuteurs l'ont réclamé. Nonobstant les prescriptions du paragraphe 1 de l'Art. III, il peut être donné en langue française.

2) Cet enseignement du français ne doit pas diminuer l'efficacité de l'enseignement donné en anglais. Le temps qui lui est consacré selon l'horaire de l'école est sujet à l'approbation et à la direction de l'inspecteur en chef. Il ne doit, dans aucune classe, dépasser une heure par jour, excepté lorsque l'inspecteur en chef ordonne de prolonger cet enseignement.

3) Dans les écoles publiques ou séparées où le français est ainsi enseigné, les manuels de lecture, de grammaire et de composition française employés durant l'année scolaire 1911-12, demeurent autorisés pour l'année scolaire 1913-14.

Inspection des écoles anglo-françaises

V. Pour les fins de l'inspection, les écoles anglo-françaises sont groupées par division, chaque division étant soumise à l'autorité de deux inspecteurs.

VI. 1) Les inspecteurs de chaque division visitent alternativement chaque école sauf lorsque l'inspecteur en chef en décide autrement;

2) Chaque inspecteur fait durant l'année au moins 220 visites d'une demi-journée chacune, conformément aux prescriptions de l'Art. II du règlement No XX des écoles publiques. Il est du devoir de chaque inspecteur de faire le nombre supplémentaire de visites que les circonstances exigent.

VII. Les deux inspecteurs de chaque division habitent l'endroit ou les endroits que le ministre désigne.

VIII. Les deux inspecteurs de chaque division se rencontrent fréquemment durant l'année, afin de discuter les conditions de leur travail et de systématiser leur méthode d'inspection. Pour le même objet, tous les inspecteurs se rencontrent aux dates et endroits que le ministre détermine.

IX. Chaque inspecteur fait rapport sur la situation générale de toutes les classes, selon les formules prescrites par le ministre. Ce rapport est sujet à l'approbation du ministre après révision par l'inspecteur en chef.

X. Si l'un ou l'autre des inspecteurs d'une division constate que l'un quelconque des règlements ou des ordres du département n'est pas observé convenablement, il doit immédiatement présenter au ministre un rapport particulier de ces cas.

XI. Chaque inspecteur envoie au ministre, durant la semaine qui suit l'inspection, une copie de son rapport ordinaire rédigé selon les formules officielles.

XII. L'inspecteur en chef des écoles publiques et séparées est l'inspecteur surveillant des écoles anglo-françaises.

XIII. 1) Aucun instituteur ne reçoit un certificat l'autorisant à enseigner dans une école anglo-française s'il ne possède pas une connaissance suffisante de l'anglais pour pouvoir enseigner les matières du programme des écoles publiques et séparées;

2) Aucun instituteur ne reste en fonction et n'est nommé dans aucune de ces écoles à moins qu'il ne possède une connaissance suffisante de l'anglais pour pouvoir enseigner les matières du programme des écoles publiques et séparées.

Subventions aux écoles anglo-françaises

XIV. Les subventions législatives sont accordées aux écoles anglo-françaises aux mêmes conditions que celles accordées aux autres écoles publiques et séparées.

Sur demande particulière du conseil scolaire et sur le rapport de tous les inspecteurs, approuvé par l'inspecteur en chef, une école anglo-française incapable de pourvoir au traitement nécessaire pour s'assurer les services d'un instituteur possédant la compétence exigée, reçoit une subvention spéciale afin de lui permettre d'atteindre ce résultat.

Ministère de l'Instruction Publique, août 1913.

IL Y A BOCHE ET BOCHE

*Berlin a posé son casque de fer sur les écoliers polo-
nais.—Toronto veut escamoter sous le sien les petits Franco-Ontariens.—Lequel est le plus boche ?*
l'*Almanach de la langue française*, 1918, p. 78.

(*Du NATIONALISTE*)

D. *le français au Québec*

1. Selon l'origine ethnique (o.e.)

Les Québécois d'origine française ne parlent pas nécessairement le français.

a) la composition ethnique de la population québécoise (en %):

	%	%	nombre
Groupe	1961	1971	1971
Français	80.6	79.0	4,759,355
Britannique	10.6	10.6	649,040
Italien	2.1	2.8	169,655
Juif	1.4	1.9	115,990
Allemand	0.8	0.9	53,870
Autres	4.3	4.8	288,845
	100	100	6,027,765

Remarques:

. grande homogénéité de la population au 4/5 francophone; seules Terre-Neuve avec 93.8% de Britanniques et l'Ile-du-Prince-Edouard avec 82.6% des gens de la même race dépassent le Québec à ce point de vue;

. il y a autant de Britanniques au Québec que de Français en Ontario (649,000 et 648,000);

. baisse des Français et Britanniques et hausse des autres ethnies.

. la population d'origine française et britannique au Québec depuis un siècle (en %)

	Français	Britanniques	Autres
1871	78.0	20.4	1.6
1881	79.0	19.2	1.8
1901	80.2	17.6	2.2
1911	80.1	15.9	4.0
1921	80.0	15.1	4.9
1931	79.0	15.0	6.0
1941	80.9	13.6	5.5
1951	82.0	12.0	5.8
1961	80.6	10.8	8.6
1971	79.0	10.6	10.4

Remarques:

. baisse constante des Britanniques;
. en 1971, % des Français égal à ceux de 1881 et 1931;
. presqu'autant d'autres groupes ethniques que de Britanniques;
. la population d'origine française au Québec a doublé tous les 40 ans;
. tous les comtés, en dehors de l'île de Montréal sont à majorité composés de gens d'origine fran-

çaise;
c'est la première fois que la chose se produit.

2. En tant que langue officielle (en %)

a) ne connaissent	en 1961	en 1971
que l'anglais	11.6	10.5
que le français	61.9	60.8
les deux	25.4	27.6
aucun des deux	1.1	1.1

Remarques:

. unilingues anglophones au Québec: 632,515;
. unilingues francophones au Québec: 3,500,000;
. augmentation des bilingues;
. diminution des unilingues.

b) connaissent	en 1961	en 1971
l'anglais	36.9	38.1
le français	87.3	88.4

c) ignorent		
l'anglais	63.1	61.9
le français	18.7	11.6

d) origine ethnique et langue officielle

o.e.	640,045	4,759,360
l.o.	2,296,305	5,331,810

augmentation	400%	10%

e) situation des bilingues:

. régions urbaines: 90.8% ; 61.1 % à Montréal
. région rurales: 9.2%

3. En tant que langue maternelle

a) par rapport à l'anglais en 1971

. l'anglais: 13.1%
. le français: 80.7
. les autres: 6.2

b) origine ethnique et langue maternelle en 1971
    (en %)

	Britannique (anglais)	Français (français)
o.e.	10.6	79.0
l.m.	13.1	80.7

c) évolution au Québec de l'anglais et du français,
    langue maternelle (en %)

	le français	l'anglais
1931	79.9	14.9

1951	82.5	13.8
1971	80.7	13.1

d) surplus de langue maternelle par rapport à l'origine ethnique (en %)

	le français	l'anglais
1941	0.8	3.5
1951	0.6	13.5
1961	0.7	23.0
1971	2.3	23.0

Remarques:

. les surplus anglais sont 10 fois plus grands que ceux du français;

. les surplus du français ont augmenté toutefois de plus de 300% en dix ans;

. il y a dix ans, les surplus de l'anglais étaient 30 fois plus grand que ceux du français.

4. En tant que langue d'usage

a) par rapport aux autres langues et en comparaison avec l'origine ethnique et la langue maternelle (en %):

	o.e	l.m.	l.d'u.
le français	79.0	80.7	80.8
l'anglais	10.6	13.1	14.7
les autres	10.4	6.2	4.5

b) surplus de langue d'usage par rapport à l'origine
ethnique (en %):

	l.d'u.	o.e.	surplus
le français	4,870,105	4,759,360	110,745
l'anglais	887,875	640,045	247,830

Remarques:

. 8 fois moins de citoyens d'origine britannique as-
similent 2 fois plus de citoyens que la majorité
francophone;
. donc en 1971, le pouvoir d'assimilation des anglophones est d'environ 16 fois plus élevé que celui
des francophones au Québec.

5. Chez les groupes ethniques du Québec

a) o.e. (en %)	angl.s.	fr.seul	bil.	l.m.fr.	l.d'u.
Français	0.6	73.9	25.5	97.9	97.5
Britannique	57.8	8.4	33.7		
Italien	14.2	24.1	43.9		
Juif	51.7	3.3	43.8		

Remarque :

. le groupe italien est le seul à accorder une priorité
au français seulement.

245

b) langue maternelle et langue d'usage (en nombres absolus).

o.e.	l.m.		l.d'u.		
	fr.	angl.	fr.	angl.	l.m.
Français	4,662,040	88,255	4,638,920	177,485	—
Britannique	105,660	528,695	112,255	525,545	—
Italien	24,455	14,950	35,980	26,485	106,590
Allemand	14,925	16,270	15,870	27,195	10,400
Juif	8,885	73,110	8,590	89,045	11,955

Remarques:

. les Français sont très fidèles à leur langue;

. les Britanniques sont moins fidèles à leur langue;

. les Italiens sont fidèles mais partagés avec une tendance pour le français;

. les Allemands sont "infidèles", partagés, mais ils penchent pour l'anglais;

. les Juifs sont "infidèles" et vont nettement vers l'anglais.

6. Transferts et migrations

A.- les transferts linguistiques (en %).

Années	Vers l'anglais	Vers le français
1931	48.0	52.0
1941	64.1	35.9
1951	70.5	29.5
1961	69.6	30.4

B.- solde migratoire du 1er mars au 1er novembre 1970 et du 1er janvier au 1er octobre 1971.

	Français	Anglais
Entrées	14,245	23,107
Sorties	19,470	34,683
Solde	-5,225	-11,576

Extrait de *l'Annuaire du Québec*, 1973, pp. 169-170.

EN RESUME[*]

Au Canada	o.e.	l.m.	l.d'u.
Anglais	44.6	60.1	67.0
Français	28.7	26.9	25.7
Autres	26.7	13.0	7.3

Au Québec	o.e	l.m.	l.d'u.
Anglais	10.6	13.1	14.7
Français	79.0	80.7	80.8
Autres	10.4	6.2	4.5

Au Canada (sauf Québec)	o.e.	l.m.	l.d'u.
Anglais	57.8	78.4	87.2
Français	9.1	6.0	4.3
Autres	33.1	15.6	8.4

Situation du français	o.e.	l.m.	l.d'u.
au Québec	79.0	80.7	80.8
au N.-Brunswick	37.0	33.8	31.4
en Ontario	9.6	6.3	4.6
ailleurs	6.5	3.3	1.8

Distribution des Canadiens-Français	o.e.	l.m.	l.d'u.
Québec	77.0	84.0	87.8
Ontario	11.9	8.3	6.4
N.-Brunswick	3.8	3.8	3.6
Autres	7.3	3.9	2.2

* o.e.: origine ethnique
l.m.: langue maternelle
l.d'u.: langue d'usage

Distributions des francophones	Peuvent parler le français	Unilingues français
Québec	78.7	94.6
Ontario	11.9	2.4
N.-Brunswick	3.5	2.6
Autres	5.9	0.4

E. Le français à Montréal

1. Selon l'origine ethnique

a) la composition ethnique de la population de la ville de Montréal

groupe	1961%	1971%	1971 (N)
Français	66.1	64.2	779,340
Britannique	12.3	10.9	132,745
Italien	6.6	9.0	109,085
Juif	3.8	4.3	52.500
Allemand	1.1	1.0	52,500
Autres	9.1	10.6	128,101

Remarques:
. baisse du groupe britannique et français et hausse des autres groupes;
. le groupe italien se rapproche du groupe britannique: 109,000 et 133,000;
. le groupe français est plus élevé dans la ville que

dans l'île: 64.2% et 58.9% car les groupes ethniques habitent en général les villes qui entourent Montréal, ex.: St-Léonard.

b) la composition ethnique de la population de la ville de Montréal depuis un siècle (en %)

	Total	Français	Brit.	Autres
1871	100.0	53.0	45.0	2.0
1941	100.0	66.3	20.3	13.4
1951	100.0	67.6	17.6	14.8
1961	100.0	66.2	12.6	21.2
1971	100.0	64.2	10.9	24.9

Remarques:

. disparition rapide du groupe britannique;

. augmentation rapide des autres groupes;

. maintien du groupe français.

c) la région métropolitaine

	o.e.	l.m.	l.d'u.
l'anglais	10.9	21.7	24.9
le français	64.2	66.3	66.3
les autres	24.9	12.0	8.8

Remarques:

. aucun gain pour le français dans la langue d'usage; en fait, une perte de 780 personnes;

. gains pour l'anglais de 87,995 personnes; donc le pouvoir assimilateur est beaucoup plus élevé que celui du français pour une origine ethnique six fois moindres;

. 85%   des anglicisés du Québec se retrouvent à Montréal;

. l'anglais langue d'usage a un pouvoir assimilateur 48 fois plus élevé que le français langue d'usage à Montréal, et 35 fois plus élevé dans l'ensemble du Québec;

. l'anglophone de langue maternelle, trois fois moins représenté que le francophone de langue maternelle a donc un pouvoir assimilateur 144 fois plus élevé que le francophone à Montréal; et six fois moins représenté dans le Québec, il a un pouvoir 210 fois supérieur au Québécois francophone dans toute la province;

. sur 100 "autres" dans la région de Montréal, 97 iront à l'anglais et 3 iront au français;

. dans les villes à majorité francophone de la région de Montréal, faible gain du français langue d'usage, gains appréciables de l'anglais langue d'usage;

. dans les villes à majorités anglophone, pertes appréciables du français langue d'usage.

2. Chez les groupes ethniques

a) concentration dans la région de Montréal

o.e.	% de conc. (71)	% de conc. (61)
Juif	98.6	97.4
Italien	94.6	93.4
Asiatique	89.7	80.0

Ukrainien	88.6	87.5
Polonais	85.1	85.5
Autres	75.8	85.5
Scandinave	72.1	64.6
Néerlandais	71.8	68.3
Allemand	71.4	70.6
Britannique	68.5	66.5
Français	37.0	31.9

Remarques:

. concentration plus grande qu'en 1961;

. si les "autres" adoptent l'anglais dans la région de Montréal, on aura un bloc anglophone de 1,000,000 de personnes.

DANGER!

b) o.e. (en %)	angl.s.	fr.s.	bil.
Français	1.1	61.1	37.8
Britannique	63.4	4.3	32.3
Italien	14.6	22.6	44.2
Juif	52.1	3.2	43.6

	français		anglais	
o.e. (en %)	l.mat.	l.d'us.	l.mat.	l.d.us.
Français	96.7	95.8	3.0	4.1
Britannique	10.6	11.1	88.3	88.4
Italien	12.3	18.5	8.5	15.7
Juif	7.4	7.1	63.7	76.8
Allemand	17.6	19.1	32.4	56.5

Remarques:

. 63% des Britanniques ne savent que l'anglais et 61% des Français ne savent que le français;

. 39% des Français savent l'anglais et 36% des Britanniques le français;

. 38% des bilingues sont Français et 32% sont Britanniques;

. 80% des Néo-Québécois savent l'anglais et 50% le français;

. ils sont unilingues anglais à 39% et unilingues français à 12%;

. 232,225 utilisent leur langue d'origine à la maison.

F. Les francophones de l'an 2000 au Canada

	%	%
	1971	2001
Au Canada	26	23
Au Québec	81	77
A Montréal	66	89
Au Nouveau-Brunswick	34	28

Remarques:

. 95% des francophones vivront au Québec;

. sauf au Québec et au Nouveau-Brunswick, leur nombre ne dépassera pas 4%;

. selon le démographe Henripin, l'assimilation des francophones à l'anglais, hors du Québec, est une lente érision; le temps en viendra à bout...

1946
Horizons patriotiques

Congrès acadiens

La vie française en Acadie a largement profité des beaux mois d'été 1946. Cours universitaires et pédagogiques, congrès régionaux de la Société l'Assomption, manifestations religieuses et patriotiques, assemblées de coopérateurs ont jalonné les mois de juillet et août. Soulignons particulièrement le congrès assomptionniste du Petit-Degrat, au Cap-Breton, tenu le 18 août, honoré de la présence de S.E. Monseigneur Georges Landry. Cette manifestation semble contenir la promesse d'un renouveau de vie française au Cap-Breton. Mentionnons aussi le congrès de l'Association Acadienne d'Education tenu à Bathurst, à la fin de juillet, qui se clôtura par un magistral plaidoyer de S.E. Monseigneur Roy, évêque d'Edmunston, en faveur d'un régime de justice scolaire au Nouveau-Brunswick. On sait que les Eudistes ouvrent un collège classique à Edmunston en cet automne 1946.

Deux autres rassemblements acadiens ont eu lieu au cours de l'été, l'un dans l'Ile du Prince-Edouard, l'autre en Nouvelle-Ecosse. L'Association des Institutrices Acadiennes de l'Ile s'est réunie à Bloomfield. Une quinzaine de religieuses de la Congrégation Notre-Dame assistaient à ce congrès ainsi que la plupart des institutrices et instituteurs acadiens de l'Ile.

La réunion de l'Association des Boursières acadiennes s'est tenue à Yarmouth. Le R.P. Hébert, C.J.M., aumônier de l'Association, a chanté un Salut du Saint-Sacrement à l'église Saint-Ambroise. Les boursières et leurs invités se sont ensuite rendus à l'hôtel Lakeside pour le banquet. Monsieur l'inspecteur Louis D'Entremont, membre du Comité de la Survivance Française, présidait la réunion. La présidente de l'Association, mademoiselle Céleste Surette, souhaita la bienvenue à tous. Madame François Comeau, le R. Père Hébert, M. le docteur Flavius Melanson et le P. Wilfrid Haché, supérieur du Collège Sainte-Anne, prononcèrent des allocutions.

Manchester, ville française

Ce château-fort franco-américain sera le siège de plusieurs manifestations au cours de l'automne. Le Comité de la Survivance Française y tiendra sa session annuelle, du 12 au 15 octobre. La session sera suivie d'un congrès d'étude franco-américaine. Après quoi les membres du Comité de la Survivance se rendront à Woonsocket où ils seront les hôtes de l'Union Saint-Jean-Baptiste.

Des fêtes grandioses marqueront, à la fin de novembre, le centenaire de la Ville et le cinquantenaire de l'Association Canado-Américaine. Comme on le sait, le siège social de cette puissante mutuelle-vie est à Manchester. Le principal article au programme des Fêtes est peut-être le Festival de la Bonne Chanson. Il s'inspirera de celui qui a remporté tant de succès à Lewiston en mai dernier. Le groupe vainqueur viendra passer une semaine à Québec sous les auspices du Comité de la Survivance Française.

Chez nos Mutualistes

Nos Mutuelles ont été fort actives depuis quelques mois. L'Union Saint-Jean-Baptiste a tenu à Worcester, en mai dernier, un congrès fructueux. La séance d'ouverture au Memorial Hall réunissait près de quatre mille Franco-Américains. Un banquet de neuf cents couverts au Sheraton Hotel couronna ces importantes assises.

La Société des Artisans Canadiens-Français s'est réunie à Montréal du 10 au 13 août. Des délégués venus de toutes les parties du Canada et des Etats-Unis ont assisté aux séances. Nos félicitations à monsieur René Paré pour sa réélection, de même qu'à M. Henri Goguen, le nouveau président de l'Union Saint-Jean-Baptiste.

Les succursales de la Société l'Assomption dans les Etats du Connecticut, du Massachusetts et du Rhode-Island ont tenu une convention particulièrement brillante à Hartford les 31 août et 1er septembre. M. l'abbé François Bourgeois, curé de Shédiac, dit un remarquable sermon de circonstance. Au banquet de clôture, les invités ont pu entendre l'excellente artiste acadienne qu'est mademoiselle Laura Gaudet.

La Colombie s'organise

Le premier septembre a eu lieu le deuxième congrès annuel de la Fédération Canadienne-française de la Colombie. Le congrès s'est ouvert par une messe solennelle dans l'église de Maillardville. Il y eut ensuite ralliement et goûter au Queen's Park. Les délégués ont alors tenu leurs séances d'études sous la présidence de M. Arthur Chéramy, de Maillardville. Les réunions se sont clôturées le 2 au soir par un banquet à l'hôtel Russell, à New-Westminster.

Nos compatriotes de la Colombie ont fait des progrès considérables depuis deux ans. Ils ont maintenant deux paroisses françaises,

l'une à Maillardville, l'autre à Vancouver
même. D'ici quelques années, ils espèrent
être assez nombreux pour former d'autres
paroisses dans les diocèses de Vancouver et
Victoria. Ils ont leur journal hebdomadaire,
"La Colombie" dont le directeur est M.
Georges Bérubé. La Fédération compte des
groupements à Vancouver, Maillardville,
Eburne, Victoria et New-Westminster. Elle
sera bientôt une digne soeur de nos Associations patriotiques des Prairies.

Le Veilleur

Vie française, octobre 1946, pp. 62-64.

G. *L'assimilation des immigrants au Canada:*

a) le pouvoir de l'anglais:

	1968	1970	1972
Canada	55.0	64.8	67.2
Québec	40.8	42.1	54.7
Canada (sauf Québec)	58.4	67.0	69.3
Ontario	53.9	63.9	66.0
Nouveau-Brunswick	80.8	83.6	89.2

b) le pouvoir du français:

	1968	1970	1972
Canada	10.0	8.0	7.1
Québec	35.1	30.7	29.2
Canada (sauf Québec)	4.0	3.7	3.1
Ontario	4.2	3.8	3.1
Nouveau-Brunswick	13.8	10.5	15.2

c) la connaissance des langues officielles en 1974:

1. chez les immigrants au Canada:

    . 8% connaissaient le français;
    -. 63% connaissaient l'anglais;
    . 32% n'en connaissaient aucune.

2. chez les immigrants au Québec:

    .28% connaissaient l'anglais;
    .38% connaissent le français;
    . 9% étaient bilingues;
    .24% n'en connaissaient aucune.

3. chez les immigrants du Québec depuis 1968:

	français	bilingue	anglais	aucune
1968	24.1	10.9	30.0	35.0
1969	18.1	11.6	38.6	31.7
1970	17.8	12.9	39.0	30.2
1971	14.8	13.8	38.9	32.5
1972	14.5	14.7	40.0	30.8
1973	20.0	11.2	41.8	27.0
1974	38.0	9.0	28.0	24.0

H. L'assimilation des Canadiens français

Date	orig. franç. (%)	Langue franç. (%)	Assimilés (%
Au Canada			
1760	90.1		
1871	29.4		
1881	30.0		
1901	30.7		
1911	28.5		
1921	27.9		
1931	28.2		
1941	30.3		
1951	31.6		
1961	30.3	28.1	
1971	28.7	26.9	
A l'Ile-du-Prince-Edouard			
1871	9.9		
1931	14.7	11.51	21.
1961	16.4	7.60	54.
En Nouvelle-Ecosse			
1871	8.5		
1931	11.0	7.6	31.
1961	11.9	5.4	54.
Au Nouveau-Brunswick			
1871	15.7		
1931	33.6	32.7	2.
1961	38.8	35.2	9
En Ontario			
1871	4.7		
1931	8.7	6.9	21
1961	10.4	7.8	34

Au Manitoba	1871	50.4		
	1881	15.1		
	1901	6.3		
	1931	6.7	6.1	9.7
	1961	9.1	6.6	27.0
En Saskatchewan	1885	4.6		
	1931	5.5	4.0	16.6
	1961	6.4	3.9	39.5
En Alberta	1885	5.4		
	1931	5.3	3.9	26.7
	1961	6.2	3.2	49.0
En Colombie-Britannique	1881	1.9		
	1931	2.2	1.1	49.0
	1961	4.1	1.6	60.0
Au Québec	1760	100.		
	1825	84.3		
	1931	79.0	79.2	
	1961	80.6	81.2	
A Québec	1851	58.3		
	1881	74.4		
	1921	89.7		
	1951	93.8		
	1971	94.4		

A Montréal	1827	61.2
	1851	45.1
	1901	56.3
	1921	63.2
	1951	67.6
	1971	66.7
A Sherbrooke	1851	16.3
	1871	50.9
	1921	71.0
	1951	85.4
	1971	91.2

I. De plus, saviez-vous que...

1. 80% des anglophones du Québec sont unilingues?
2. 75,000 familles francophones du Québec parlent l'anglais à la maison?
3. en 1962, 52% des Italiens nés au Canada épousaient des Québécois, 18% des Canadiens et 24% des Italiens?
4. le fédéral dépense 10 fois plus pour la culture au Québec que le gouvernement québécois lui-même?
5. il faut être 96 francophones pour résister au pouvoir assimilateur de 4 anglophones, où qu'on soit au Québec?
6. 82% des étrangers entrés au Québec entre 1946 et 1971 parlent aujourd'hui l'anglais?
7. en 1969, au Québec, le français attirait le franco-

phone neuf fois plus que l'anglais mais en 1972, il ne l'attirait que sept fois plus?

8. en 1972, au Québec, l'anglais attirait l'anglophone cent fois plus que le français?

9. l'Ontario accueille cinq fois plus d'immigrants que le Québec, et il ne les francise qu'à 3%?

10. la moitié des immigrants entrés au Québec depuis 1946 ont quitté la province?

11. le Québec a connu un déficit migratoire de 68,000 personnes en 1970 et 1971, dont la moitié étaient francophones?

12. le taux de chômage du Québec est le plus élevé du Canada (9%) et depuis longtemps?

13. 80% des immigrants sont concentrés à Montréal?

Pourcentage des résidents au Québec dans la population des diplômés formés dans les universités anglophones et francophones du Québec.

Domaine d'études	Universités	
	anglophones	francophones
Affaires	71.3	97.4
Arts	62.2	87.7
Droit	87.6	97.1
Education	57.7	97.5
Génie	49.9	93.0
Ressources nat.	20.6	91.9

Santé	30.0	92.5
Sciences	61.3	93.7

Source: données des associations de diplômés, pour une sélection de domaines d'études.

la Situation de la langue française au Québec, 1- La langue de travail, (Rapport Gendron) Gouvernement du Québec, décembre 1972, pp. 348-349.

J. Conclusion de Richard Arès

"Faute de nombre, (le groupe d'origine française) a autrefois perdu la Nouvelle-France et il n'a jamais pu, par la suite, retrouver la force de s'imposer dans les autres provinces; s'il continue ainsi à se laisser aller, il se pourrait bien que, pour la même raison, il en vienne à perdre aussi le Québec."

CONCLUSION

CE QUE L'AVENIR PEUT ETRE

Pour nous, un dossier se ferme, celui qui répond à la question: "Ya-t-il une nation québécoise?" Nous avons voulu nous aussi faire le tour de la question, essayer de circonscrire un gros point final, "liquider" comme disent les psychologues formés au vocabulaire des affaires, tenter une bonne fois de nous expliquer avec notre passé et notre présent comme sont portées à le faire toutes les générations, dont la nôtre, celle qui a pris conscience de la société québécoise dans les jours éphémères de la révolution tranquille. Pour les Québécois, les enseignants, les citoyens que nous sommes, le dossier est fermé: il ne nous restera qu'à y ajouter au jour le jour les pièces qui pourront étoffer, illustrer, justifier l'ensemble de nos réflexions. Mais l'intérêt en deviendra surtout documentaire.

Pour nous, un dossier nouveau peut maintenant s'ouvrir, celui de la réalisation culturelle d'une société québécoise francophone et communautaire. Depuis plusieurs mois déjà, le Québécois avait accepté le caractère inéluctable de l'indépendance politique du pays du Québec. Malgré tous les efforts pour créer une troisième force, le Parti québécois et le Parti libéral sont nez à nez, le second tenant le coup grâce à l'appui massif de la population non-francophone du Québec. Les indépendantistes ont établi les règles du jeu: chaque élection "provinciale" devient une élection "nationaliste" et ne propose qu'un seul enjeu: celui du fédéralisme ou de l'indépendance. Les scrutins de 1970 et de 1973 ont posé et tous ceux qui viendront poseront toujours la même question aux Québécois jusqu'à ce que victoire s'ensuive. La génération des hommes et des femmes de trente ans, déjà très importante proportionnellement parlant, apparaît aussi comme la première génération systématiquement scolarisée, ce qui lui donne sinon une supériorité en soi, du moins le sentiment d'un rôle social important à jouer et d'un vide à combler. Cette masse de Québécois arrive maintenant à maturité, occupe chaque jour une part plus importante des postes de commande dans tous les domaines de notre vie collective. On n'a qu'à regarder autour de soi, regarder et se reporter ne serait-ce que cinq ans en arrière pour apprécier les figures nouvelles et, surtout, les idées qui les animent.

Un nouveau dossier s'est ouvert et les feuilles éparses commencent à se regrouper sous certaines rubriques. On n'en finit plus de jeter les bases de l'après-indépendance: dénonciation des moeurs politiques traditionnelles et création d'un parti financé par ses membres depuis 1968, doté d'un programme adopté dans une vaste et audacieuse entreprise de démocratisation; dénonciation d'un certain type de propriété de capitaux et nouvelles expériences collectives: les tomates de Manseau, Tricofil, les caisses d'économie de travailleurs réunis, les comptoirs alimentaires, les journaux, radios et télévisions communautaires; dénonciation des pouvoirs municipaux oligarchiques et montée d'organisations de citoyens comme le R.C.M.; dénonciation des entreprises élitistes et spectaculaires comme les Jeux olympiques et volonté de communautés du type petites-patries; dénonciation par le syndicalisme des tentatives technocratiques de l'appareil gouvernemental ou des multi-nationales; dénonciation du sport professionnel et floraison de loisirs favorisant l'activité physique; dénonciation de l'envahissement culturel américain et création de formes artistiques authentiques ...

A chacun d'y ajouter ses propres pages!

Quant à nous, naïfs enseignants de français dans un cégep public, il nous restera à définir un véritable enseignement du français au niveau collégial. Il nous faudra faire en sorte que chaque diplômé en études collégiales possède une connaissance certaine de la langue, qu'il puisse l'utiliser efficacement dans l'expression d'une pensée claire et cohérente, et que cette connaissance s'applique tant à la parole qu'à l'écriture.

Un autre livre va commencer à s'écrire, un livre qui sera de vous peut-être, un livre qui dira comment les enseignants de français ont pu enfin compter sur leurs propres moyens une fois que leur société eut véritablement abattu l'hydre du bilinguisme collectif; un livre qui parlera d'objectifs précis et mesurables, d'exigences claires et nettes, du souci d'une performance constante dans l'écriture et la parole, de la volonté de collaboration entre les niveaux élémentaire, secondaire, collégial et universitaire, de la création d'instruments d'apprentissage véritables, de la disparition des gadgets, de la distinction nécessaire entre ce qui relève de la psychologie et ce qui est pédagogique.

Un livre qui nous racontera comment l'apprentissage d'une langue complexe et riche se fait tout naturellement à partir d'une stratégie générale partant de l'élémentaire et se terminant à la fin du collégial, comment cette stratégie s'appuie sur une pédagogie de l'effort mutuellement acceptée par le professeur et l'étudiant et en quoi il s'agit là d'une entreprise absolument obligatoire dans la réalisation d'un Québec indépendant.

Table des matières

Liste des documents

Dans le chapitre premier

Dans le chapitre II

Deux professeurs de français au cégep répondent aux accusations lancées contre le corps enseignant en replaçant les problèmes dans un contexte historique. Dans un style percutant et souvent humoristique, ils démontrent que l'amélioration de la langue passe par la création d'un Québec français.

"Nous avons voulu dire, clairement et complètement, que le bilinguisme national est un hybride à abattre et qu'il faut le faire à bride abattue. Abattre l'hybride au Québec est une condition nécessaire à l'enseignement du français."

Dans *l'Hybride abattu:*

La loi 22 — les petites écoles d'antan et les grosses d'aujourd'hui — le temps des Français — le temps des Canadiens — le temps des Canadiens français — travailler et vivre en français — les francophones des autres provinces — l'assimilation des immigrants, etc., etc.

Plus 75 pages de documents historiques.

Plus 30 pages de statistiques, expressions mathématiques d'une réalité brutale et objective.

$6.95

109-025-4

DATE DUE